Inhalt

LIEBE DIE LIEBE

Das Herz ist es, was Nähe schafft

Band 5
Glaube & Psychotherapie

Dr. med. Hedwig Uecker Geischläger

Dr. med. Hedwig Uecker Geischläger

Liebe die Liebe
Die Macht der Liebe versetzt Berge

Bibliografische Information der Deutschen
Nationalbibliothek:
Die Deutsche Nationalbibliothek verzeichnet diese Publikation
in der Deutschen Nationalbibliografie; detaillierte bibliografische Daten sind im Internet über www.dnb.de abrufbar.

ISBN: 9783769378504 (Hardcover)
ISBN: 978-3-7693-7847-4 (Paperback)
© 2025

WWW.GHOSTWRITER-BUCHAUTOR.COM

Konzept und Inhalte: Dr. Uecker Geischläger
Buchmanuskript - Covergestaltung: Alois Gmeiner
Gesamtlayout, Grafik, KI-Fotos: Alois Gmeiner
StockFotos: Freepik
Foto S.5: ©Dompfarre.info/Suzy Stöckl

Verlag: BoD · Books on Demand GmbH, Überseering 33,
22297 Hamburg, bod@bod.de
Druck: Libri Plureos GmbH, Friedensallee 273,
22763 Hamburg

Vorwort

von Dompfarrer
Toni Faber

Dr. Hedwig Ücker-Geischläger ist beruflich profiliert und reich an Lebenserfahrung. Als Ärztin und Psychotherapeutin ist sie bestens vertraut mit Verletzungen an Leib und Seele. Das durfte ich bei gemeinsamen Seminaren der Dompfarre St. Stephan mit der Charismatischen Gebetsrunde, bei denen Frau Dr. Ücker-Geischläger als Referentin und Seelsorgerin tätig war, oftmals erleben.

Geht es um den Menschen, ist ein eindimensionaler Blick selten hilfreich; viel zu komplex sind wir geschaffen: Körper, Seele, Geist, Einflüsse aus Familie und Umwelt – erst alles im Zusammenwirken macht uns zu den originellen Personen, die wir sind. Das ist einerseits ein Geschenk, andererseits eine Herausforderung, da es keine einfachen und allgemeingültigen Lösungen gibt. Jeder Mensch ist in seinem Sein und Erleben originell und deshalb individuell wahrzunehmen und je nach Lebenssituation zu behandeln.

Der Glaube kann für christliche Menschen eine zentrale Quelle der Lebensfreude und der Sinnerfüllung sein. Er möchte ebenso hilfreich sein bei der Bewältigung von Leid und Not, Trauer und Krankheit. Hier schlägt die Allgemeinmedizinerin und Psychoanalytikerin wichtige Brücken: Träume, heilende Worte, Zuversicht, helle, lichtvolle Gedanken – all dies sind zentrale, spannende Elemente der christlichen Spiritualität, die mithelfen können, Linderung und Heilung zu bewirken, seelische Knoten zu lösen und körperliche Schmerzen zu lindern.

Zum Licht kommen, mit Freude ernten, Träume als Boten Gottes sehen, das gelingt vielen besser, wenn diese Haltungen entsprechend angeleitet, eingeübt und unterstützt werden. Die Erfahrung und das Wissen von Frau Dr. Ücker-Geischläger haben bisher schon vielen Menschen helfen können, ihre Sicht auf sich und auf Situationen besser zu verstehen.

„Glaube und Psychotherapie", so der Titel dieser Buchreihe, ist die Verschriftlichung dessen, was in den Seminaren hörbar war. Das Lesen ermöglicht eine Verinnerlichung, die durchs Zuhören allein oft nicht erzielt werden kann.

So bin ich dankbar für die Mühe, die in dieses Buchprojekt investiert worden ist. Erkenntnisse der Psychotherapie sind hier mit Aussagen der Bibel und der Religion in Verbindung gebracht, mit dem Ziel, dass sich die Leserschaft in der eigenen Haut wohler fühlt, Dankbarkeit für das eigene Leben empfinden und Verfestigung im Glauben erleben kann.

In tiefer Dankbarkeit für das gemeinsame Arbeiten in der Erneuerung und Vertiefung der Heilung an Leib und Seele wünsche ich den geschätzten Leserinnen und Lesern die Berührung des Heiligen Geistes, die ich oft genug selbst bei den Vorträgen von Frau Dr. Ücker-Geischläger wahrgenommen habe.

Dompfarrer Toni Faber

Unser Wiener Stephansdom in seiner ganzen Pracht! www.stephansdom.at

Liebe – Urquell aller Arznei

Am Beginn dieses Buches möchte ich kurz etwas vorausschicken, was viele von Ihnen wahrscheinlich ohnehin wissen, was mir jedoch immer wieder zu Ohren kommt, nämlich die Frage:

Was kann die Psychologie dem Glauben anbieten?

Ich möchte zuerst Anselm Grün darauf antworten lassen:

„Die Psychologie löst nicht die religiösen Fragen. Aber sie fordert uns auf, unseren Glauben danach zu befragen, wo er sich auf kindliche Vorstellungen stützt, wo er zur Flucht vor der Realität der eigenen Seele einlädt ... Der Vorteil der Psychologie besteht allgemein darin, dass sie die Seele als Ganzes betrachtet. Sie hilft mir, mir meiner gesamten Existenz bewusst zu werden. Meine Beziehung zu Gott kann nämlich nur dann lebendig sein, wenn ich fähig bin, alles,

was in mir verborgen ist, vor ihn zu bringen. Ich begegne oft frommen Menschen, die nur mit einem Teil ihrer selbst vor Gott treten. Sie sind nicht in der Lage, ihm auch die tiefen Verletzungen ihrer Seele vorzulegen. Deshalb kann ihr Verhältnis zu Gott nicht lebendig sein. Die Psychologie hilft mir also, mit meinen eigenen Verletzungen fertig zu werden, kann jedoch meinem Leben keinen Sinn geben, da dies nur der Glaube vermag. Um mit meinen Problemen vor Gott treten zu können, muss ich sie allerdings zunächst einmal erkennen. Erst dann kann es bei mir zu einer inneren Verwandlung und Genesung kommen ...

Der Glaube geht über die Psychologie hinaus. Er muss sich aber mit der Psychologie auseinandersetzen. Doch das Ziel des Glaubens ist nicht in erster Linie psychische Gesundheit, sondern die Offenheit für Gott und die Erfüllung unserer menschlichen Sehnsucht in Gott." (vgl. Anselm Grün, Was heilt uns?, Anthologie Hrsg. Seitlinger, Herder 2006, S. 15 ff)

Von Theophrastus Bombastus von Hohenheim, genannt Paracelsus, einem berühmten Arzt, Naturforscher und Philosophen, stammt der weithin bekannte Satz: *„Der Urquell aller Arznei ist die Liebe. "*

Papst Benedikt XVI. nennt seine erste Enzyklika DEUS CARITAS EST – „Gott ist die Liebe". Somit ist für uns Christen auch der Folgeschluss von Wichtigkeit: Der Urquell aller Arznei ist GOTT.

Papst Benedikt schreibt: *„Das Wort Liebe ist heute zu einem der meist gebrauchten und auch missbrauchten Wörter geworden, mit dem wir völlig verschiedene Bedeutungen verbinden. ... Wir sprechen von Vaterlandsliebe, von Liebe zum Beruf, von Liebe unter Freunden, von der Liebe zur Arbeit, von der Liebe zwischen den Eltern und ihren Kindern, zwischen Geschwistern und Verwandten, von der Liebe zum Nächsten und von der Liebe zu Gott. In der ganzen Bedeutungsvielfalt erscheint aber doch die Liebe zwischen Mann und Frau, in der Leib und Seele untrennbar zusammenspielen und dem Menschen eine Verheißung des Glücks aufgeht, die unwiderstehlich scheint, als der*

Urtypus von Liebe schlechthin ... " (Enzyklika Deus Caritas Est, Punkt 2)

Ein anderer Aspekt: Es ist so wichtig, welche inneren Bilder wir von der Liebe haben. Innere Bilder, die wir von Liebe haben, sind von großem Einfluss auf unser Leben. Diese inneren Bilder und Vorstellungen, wie und was Liebe ist, sind beeinflusst von unseren Erfahrungen und unserem Wissen – so die Psychologie, vom Religiösen her sage ich: und von der Gnade Gottes. Als kleine Kinder sind wir total von unseren Eltern und sonstiger Umgebung abhängig. Auch und vor allem diese Erfahrungen können ein Leben lang wirken – sowohl positiv als auch negativ. Von Erwachsenen dürfen diese Erfahrungen aber nicht als Ausrede für mangelnde Liebe verwendet werden. Wer dies tut, ist noch immer nicht erwachsen geworden. Ein verantwortungsbewusster – auch für sich verantwortungsbewusster – Erwachsener weiß, dass Liebe eben nicht nur ein Gefühl ist, sondern auch eine Haltung, eine Einstellung zur Liebe.

Gott hat uns so viel gegeben, was wir lieben können. In erster Linie natürlich Menschen, die, wenn sie sich halt so wenig liebenswert erweisen, uns oft nur Kummer machen. Da gibt es aber so viele Kinder oder Einsame oder kranke Menschen, die wir lieben können, und die meist unsere Liebe mit Dankbarkeit und Gegenliebe annehmen. Doch „Lieben, bis es weh tut", wie Mutter Theresa formuliert, ist nicht jedermanns Sache und vor allem geht es oft viel leichter.

Papst Benedikt unterscheidet in seiner Enzyklika „Deus caritas est" im ersten Teil, Punkt 3 und 4, zwischen *Eros* und *Agape* – Unterschied und Einheit: *„Der Liebe zwischen Mann und Frau, die nicht aus Denken und Wollen kommt, sondern den Menschen gleichsam übermächtigt, haben die Griechen den Namen* Eros *gegeben. ... Das Alte Testament hat dem Eros keine Absage erteilt, sondern seiner zerstörerischen Entstellung den Kampf angesagt, der falschen Vergöttlichung des Eros. ... Eros bedarf der Reifung zu seiner wirklichen Größe hin. "* (Enzyklika Deus Caritas Est, Punkt 3 und 4)

„Nach Sokrates hat der Eros in sich den Drang nach Heilung und Gesundheit. Er ist die psychische Energie, die uns antreibt, der es darum geht, dass wir wachsen, uns ausstrecken, Bindungen, Verknüpfungen mit anderen und anderem herstellen; dass wir uns nicht mit dem zufrieden geben, was da ist, sondern uns aufmachen in der Suche nach dem Schönen und Schönerem, der Wahrheit. Eros ist, so erfahren wir in Platons Symposium, der Gott, der den kreativen Geist des Menschen schafft. Eros ist das Drängen in uns, das uns nach Vereinigung mit einer anderen Person in sexueller oder anderer Form von Liebe verlangen lässt. Eros weckt in uns die Sehnsucht nach Wissen, lässt uns leidenschaftlich die Vereinigung mit der Wahrheit suchen. Er ist das Verlangen nach Ganzheit, nach Sinn, nach Integration.“ (Wunibald Müller, Intimität, zit. n. Grün/Riedl, Eros und Intimität, Vier-Türme 2008, S. 14 f)

„Wenn Eros zunächst vor allem verlangend, aufsteigend ist – Faszination durch die große Verheißung des Glücks – so wird er im Zugehen auf den anderen immer weniger nach sich selbst fragen, immer mehr das

Glück des anderen wollen, immer mehr sich um ihn sorgen, sich schenken, für ihn da sein wollen. Das Moment der Agape tritt in ihn ein, anderenfalls verfällt er und verliert auch sein eigenes Wesen. Umgekehrt ist es aber auch dem Menschen unmöglich, einzig in der schenkenden, absteigenden Liebe zu leben. Er kann nicht immer nur geben, er muss auch empfangen. Wer Liebe schenken will, muss selbst mit ihr beschenkt werden. Gewiss, der Mensch kann – wie der Herr uns sagt – zur Quelle werden, von der Ströme lebendigen Wassers kommen (vgl. Joh 7,37-38). Aber damit er eine solche Quelle wird, muss er selbst immer wieder aus der ersten, der ursprünglichen Quelle trinken – bei Jesus Christus, aus dessen geöffnetem Herzen die Liebe Gottes selber entströmt (vgl. Joh 19,34)." (Enzyklika Deus Caritas Est, Punkt 7)

„Darüber hinaus wird in diesem Prozess der Begegnung auch klar, dass Liebe nicht bloß Gefühl ist. Gefühle kommen und gehen. Das Gefühl kann eine großartige Initialzündung sein, aber das Ganze der Liebe ist es nicht. ... Liebe ist niemals 'fertig' und vollendet; sie wandelt sich im Lauf des

Lebens, reift und bleibt sich gerade dadurch treu." (Enzyklika Deus Caritas Est, Punkt 17)

Der Papst schreibt in seiner Enzyklika auch von der Liebesgeschichte zwischen Gott und Mensch. Jeder Christ hat sozusagen eine Liebesgeschichte mit Gott.

**Wie sieht also meine, deine
Liebesgeschichte mit Gott aus?**

Ist es eine treue, glückliche Liebe oder eine unglückliche oder gibt es da noch gar keine Liebesgeschichte?

FRANZ VON SALES

WER GOTT FÜR IHN IST:
Gott ist Liebe

WIE ER DEN MENSCHEN SIEHT:
Jeder Mensch ist einzigartig

SEIN BEZUG ZUR SCHÖPFUNG:
Die Liebe ist Ziel, Vollendung und Krönung der Schöpfung

WAS ER AM LIEBSTEN BETETE:
Vivat Jesus – Es lebe Jesus

WAS IHM HALT GAB:
Non excidet – wer Gott vertraut,
wird nicht verloren gehen

WAS ER EMPFIEHLT:
Jeden Tag neu beginnen

SEINE LEBENSMELODIE:
Wo immer ich bin, was immer ich tue,
ich lebe mit Gott, der mich liebt

WOVON ER ÜBERZEUGT WAR:
Jeder Mensch kann dort, wo er lebt und arbeitet,
ganz er selbst und ganz in Gott sein

WIE ER HANDELTE:
Alles aus Liebe, nichts aus Zwang

WAS IHM KRAFT GAB:
Die Eucharistie ist die Sonne des christlichen Lebens

WELCHEN WEG ER BEVORZUGTE:
Weg der kleinen Schritte

WAS SEIN ZIEL WAR:
Schenke dich Gott ganz, denn er liebt dich unendlich

17

Wir sind Menschen, zur Liebe geboren

Wir sollen sehen, wo Hungersnot an Liebe herrscht, und diese Hungersnot lindern! Leidet vielleicht sogar der Partner an diesem Hunger, oder die Arbeitskollegin, der Chef, die Nachbarin?

Den mir Nächsten, sagt Christus, nicht den Fernsten, für den ich vielleicht eine beachtliche Spende gegeben habe, weshalb ich meine, ich bräuchte nicht um mich zu schauen, ich dürfte die bittenden Augen so mancher Nahestehenden übersehen. Und auch manch großer Denker hat schon über die göttliche Liebe philosophiert:

Liebt den Menschen auch in seiner Sünde –
denn er ist das Ebenbild der göttlichen Liebe.
(Fjodor Michajlowitsch Dostojewski)

Nehmen wir an, Sie betreten ein Lokal, eine Frau sieht Sie an, Sie lächeln und setzen sich in ihre Nähe. Manchmal müssen Sie jedoch bis zum Friedensgruß warten, um ihr Ihr Lächeln zu schenken. Wenn Sie selbst voll erfüllt sind von „ich will dieser Frau und allen Menschen gut sein", wird sie zurücklächeln. Wie das neurobiologisch funktioniert, möchte ich Ihnen gerne erzählen.

Das Geheimnis der Spiegelneuronen

Der Hirnforscher Joachim Bauer schreibt in seinem Buch „Warum ich fühle, was du fühlst" über dieses Geheimnis der Spiegelneuronen als Intuitive Kommunikation. Selbst ein Lächeln, im Vorübergehen aufgefangen, kann uns nicht nur selbst zum Lächeln bringen, sondern, scheinbar ohne jeden Grund, auch unsere Stimmung spontan aufhellen, es kann uns vielleicht sogar den ganzen Tag retten.

Erstmals hatte der Italiener Giacomo Rizzolatti, Chef des Physiologischen Instituts der Universität Parma, entdeckt, dass es so etwas wie eine neurobiologische Resonanz gibt. Es ist, wie wenn schwingende Saiten eines Instruments bestimmte andere Saiten zum Mitschwingen und damit auch zum Mitklingen bringen, bestimmte Nervenzellen unseres Gehirns, inzwischen weiß man so ziemlich genau, welche es sind. (Sie liegen in der prämotorischen Rinde des Frontallappens, im unteren Parietallappen und so ziemlich in der Mitte des Temporal-lappens des Gehirns).

Was geschieht also, wenn Sie mich an-lächeln? Sehr vereinfacht gesagt, geschieht Folgendes: Ich sehe, dass Sie mich an-lächeln. In meinem Gehirn, in der Sehrinde entsteht das gesehene Bild. Dieses Bild wird als Kopie in das optische Interpretations-system des Schläfenlappens gesandt, von dort aus wird im unteren Scheitellappen des Gehirns gespeichert, wie sich das Lächeln anfühlt. Da sich ein Lächeln immer gut anfühlt, wird das Belohnungssystem des Gehirns aktiviert und wir fühlen uns gut.

Nun, leider fühlen das nicht alle Menschen, vor allem, wenn jemand stärker depressiv ist. Auch bei Desinteresse am Nächsten werden diese Spiegelneuronen nicht akti-viert.

Wenn wir für Liebe wach sind, werden wir nicht nur aktiv senden, sondern auch passiv empfangen können.

Mimik, Blicke, Gesten und Verhaltens-weisen, die wir bei anderen wahrnehmen, haben eine weitere Wirkung, die mindestens ebenso bedeutsam ist wie die gefühlsmäßige Resonanz: Sie führen in uns zu einem inneren Wissen über das, was im weiteren Verlauf zu erwarten ist. Es ist eine intuitive Gewissheit, ohne die ein Zusammenleben viel schwieriger wäre. Diese intuitive Gewissheit darüber, was eine gegebene Situation unmittelbar nach sich ziehen wird, hilft uns, rascher und besser zu reagieren und kann vor allem dann, wenn Gefahr im Verzug ist, lebensrettend sein. (Vgl. Joachim Bauer, Warum ich fühle, was du fühlst, Hoffmann & Campe 2006, S. 13)

Der Neurobiologe Bauer nennt es auch das Schnellerkennungssystem: *„Um aus den körperlichen Bewegungen anderer Menschen intuitiv richtige Schlüsse zu ziehen, reichen erstaunlich wenige Merkmale. Versuche zeigen, dass in völliger Dunkelheit nur einige Lichtpunkte an den Schultern, Ellenbogen, Handgelenken, Hüften, Knien und Fußgelenken eines Menschen ausreichen, um zu erkennen, ob es sich um einen Mann oder eine Frau handelt ... Vor allem aber sind wir auf Grund dieser wenigen Signale weitgehend in der Lage zu* *sagen, was die beobachtete Person, wenn sie sich bewegt, gerade tut oder beabsichtigt. Ohne Spiegelneuronen wäre auch dies nicht möglich."* (Vgl. Joachim Bauer, Warum ich fühle, was du fühlst, Hoffmann & Campe 2006, S. 14 f)

Warum erzähle ich Ihnen das alles? Ich hoffe, dass Sie aus diesen kurzen neurobiologischen Ausführungen erkennen können, wie genial unser Schöpfer uns erschaffen hat und wie wichtig für uns die Liebe, die Güte, das Wohlwollen und die Dankbarkeit sind. In unseren Augen, in unseren Gesten, in der Bewegung unseres Kopfes, unserer Arme, wie wir stehen und gehen, geben wir darüber Auskunft, ob wir mit der Liebe Gottes leben. Auch wenn wir vielleicht gerade traurig sind oder ängstlich, werden wir Wohlwollen und Güte ausstrahlen.

Woher aber sollen wir die Liebe nehmen, wenn wir uns niedergeschlagen fühlen, uns selbst nicht geliebt fühlen?

Papst Benedikt formuliert es sehr klar: *„In der Liturgie der Kirche, in ihrem Beten, in der lebendigen Gemeinschaft der Gläubigen erfahren wir die Liebe Gottes, nehmen wir ihn wahr und lernen so auch, seine Gegenwart in unserem Alltag zu erkennen. Er hat uns zuerst geliebt und liebt uns zuerst; deswegen können auch wir mit Liebe antworten. Gott schreibt uns nicht ein Gefühl vor, das wir nicht herbeirufen können. Er liebt uns, lässt uns seine Liebe sehen und spüren, und aus diesem 'Zuerst' Gottes kann als Antwort auch in uns die Liebe aufkeimen. Darüber hinaus wird in diesem Prozess der Begegnung auch klar (eig. Anm.: das ist ganz besonders wichtig), dass Liebe nicht bloß Gefühl ist. Gefühle kommen und gehen. Das Gefühl kann eine großartige Initialzündung sein, aber das Ganze der Liebe ist es nicht.“* (Enzyklika Deus Caritas Est, Punkt 17)

Durch unsere Spiegelneuronen können wir auch die Gewissheit haben, dass unsere Liebe ankommt.

Liebe wächst durch Liebe

„Gottes- und Nächstenliebe sind untrennbar: Es ist nur ein Gebot. Beides aber lebt von der uns zuvorkommenden Liebe Gottes, der uns zuerst geliebt hat. So ist es nicht mehr 'Gebot' von außen her, das uns Unmögliches vorschreibt, sondern geschenkte Erfahrung der Liebe von innen her, die ihrem Wesen nach sich weiter mitteilen muss. Liebe wächst durch Liebe. " (Enzyklika Deus Caritas Est, Punkt 18)

Liebe wächst durch Liebe, ich finde das wunderschön formuliert, bisher kannte ich nur den Satz: Liebe ist das Einzige, das wächst, wenn wir es verschenken.

Von psychologischer Seite sind auch Nächstenliebe und Selbstliebe untrennbar verbunden. Es mag eigenartig anmuten, aber Sie können es ja selbst ausprobieren, durch die Selbstliebe, ich meine hier die echte, ehrliche Selbstliebe als Selbstannahme und Selbstakzeptanz, auch diese Liebe wächst hin zu echter Nächstenliebe.

Liebe geben, Liebe empfangen

Nun, widmen wir unsere Aufmerksamkeit wieder den inneren Bildern.

Innere Bilder, die wir von Liebe haben, aber auch innere Bilder, die wir überhaupt vom Menschen ganz allgemein haben, sogenannte anthropologische Vorstellungen (Anthropologie meint die Wissenschaft vom Menschen) bestimmen, wie wir mit unseren Mitmenschen umgehen, ja, auch wie wir mit uns selbst umgehen.

Das Menschenbild von Darwin ist immer wieder im Gespräch. Sie erinnern sich, Kardinal Schönborn hat zu diesem Themenkomplex in Amerika, wo es sehr viele Darwin-Anhänger gibt, Stellung genommen. Inzwischen hat Prof. Johannes Huber einen langen Artikel in der Presse geschrieben und entsprechend Antworten geerntet von nichtreligiöser Seite.

In dieser Situation habe ich es sehr begrüßt, dass uns die Hirnforschung hier absolut zu Hilfe kommt. Darwins These, der Mensch sei eben von seiner Abstammung (vom

Affen) her aggressiv und egoistisch im „Kampf ums Dasein", wurde im Gefolge von dem Soziobiologen Richard Dawkins noch erweitert und verstärkt: Er spricht von egoistischen Genen.

Der Neurobiologe Joachim Bauer schreibt, dass in jüngster Zeit eine Serie neuro-biologischer Beobachtungen ein neues Menschenbild hat entstehen lassen, das unserem christlichen Menschenbild wesentlich näher kommt als das von Darwin. Es beschreibt den Menschen als *„ein Wesen, dessen zentrale Motivationen auf Zuwendung und gelingende mitmenschliche Beziehungen gerichtet sind"*. (Vgl. Joachim Bauer, Prinzip Menschlichkeit, Hoffmann & Campe 2006, S. 8)

Menschenbilder sind natürlich häufig die Folge von Erfahrungen mit anderen Menschen. Ob wir anderen vertrauen können, ob wir Angst vor den Menschen haben, was wir von ihnen erwarten, das hängt mit unseren Erfahrungen vor allem in frühester Kindheit zusammen.

„Selbstwertgefühl, Kommunikationsfähigkeit, Wissen und Kompetenz entwickeln sich bei Kindern und Jugendlichen nicht von selbst, sie lassen sich auch nicht anordnen, auch nicht dadurch, dass sie von der OECD oder von Kultusbürokratien zu Standards

erklärt werden. Anders, als viele Bildungs-experten nach den PISA-Ergebnissen annehmen, funktioniert ein Kind nicht wie ein Aktenordner, in den man nur die richtigen Blätter einheften muss ... Alle neueren Forschungsergebnisse zeigen: Die Entfaltung der neurobiologischen Grund-ausstattung des Menschen ist nur im Rahmen von zwischenmenschlichen Be-ziehungen möglich, Beziehungen, die aus dem persönlichen und sozialen Umfeld an das Kind herangetragen werden." (Joachim Bauer, Warum ich fühle, was du fühlst, Hoffmann und Campe 2006, S. 118)

Die zweite wissenschaftliche Neuigkeit kommt von dem renommierten amerika-nischen Molekularbiologen Dean Hamer, nämlich, dass unser Glaube biologische Ursprünge hat. Aus mehr als 2.000 DNA-Proben isolierte er eine Genvariante, deren Träger gläubiger sind als andere. Hamer nennt es Gottes-Gen und so lautet auch der Titel seines Buches.

„*Es gibt mittlerweile überzeugende Beweise, dass Spiritualität für unsere physische oder geistige Gesundheit einen Vorteil bringt. Durch den Glauben fühlen sich die Menschen nicht nur besser, sie werden sogar bessere Menschen.*" (Dean Hamer, Das Gottes-Gen, Kösel 2006, Cover)

Nun zurück zur Liebe. Papst Benedikt formuliert: „*Wenn Eros zunächst vor allem verlangend, aufsteigend ist – Faszination durch die große Verheißung des Glücks – so wird er im Zugehen auf den anderen immer weniger nach sich selber fragen, immer mehr das Glück des anderen wollen, immer mehr sich um ihn sorgen, sich schenken, für ihn da sein wollen. Das Moment der* Agape *tritt in ihn ein, andernfalls verfällt er und verliert auch sein eigenes Wesen."* (Enzyklika Deus Caritas Est, Punkt 7)

Das Glück des Anderen ist wahre Liebe!

All das kennen wir ja, haben es unzählige Male aus frommem Mund gehört, zumindest ich selbst, teils liebevoll, teils tadelnd, teils drohend.

Nun kommt aber aus päpstlicher Feder etwas psychologisch ganz Wichtiges: *„Umgekehrt ist es aber auch dem Menschen unmöglich, einzig in der schenkenden, absteigenden Liebe zu leben. Er kann nicht immer nur geben, er muss auch empfangen.* " (Enzyklika Deus Caritas Est, Punkt 7)

Und nun wiederum ein wunderbarer Satz, der so unendlich wichtig ist für unsere Gesundheit, sowohl körperlich als auch seelisch, der genau das aussagt, was Paracelsus vor fünf Jahrhunderten bereits formulierte: Der Urquell aller Arznei ist die Liebe!

Papst Benedikt schreibt, was die Psychologie so eindringlich fordert: *„Wer Liebe schenken will, muss selbst mit ihr beschenkt werden.* " (Enzyklika Deus Caritas Est, Punkt 7)

Es gibt eine Reihe von Fachleuten, die der Meinung sind, wer in der Kindheit keine Liebe erfahren habe, könne gar nicht wollen, eine zu schenken, weil er auch kein Vertrauen und wenig Kommunikationsfähigkeit habe.

Wir aber wissen, dass Gott uns zuerst geliebt hat und dass alle Liebe zu ihm Antwort ist auf SEINE Liebe. Und so geht auch der Text der Enzyklika folgendermaßen weiter:

„Gewiß, der Mensch kann – wie der Herr uns sagt – zur Quelle werden, von der Ströme lebendigen Wassers kommen (vgl. Joh 7, 37-38). Aber damit er eine solche Quelle wird, muss er selbst immer wieder

aus der ersten, der ursprünglichen Quelle trinken – bei Jesus Christus, aus dessen geöffnetem Herzen die Liebe Gottes selber entströmt (vgl. Joh 19, 34). " (Enzyklika Deus Caritas Est, Punkt 7)

Diese Liebe des Herrn befähigt uns auch dann zu lieben, wenn wir in der Kindheit zu wenig Liebe und Fürsorge erfahren haben. Jesus ist nun mal der beste Psychotherapeut, aber eben nicht nur das, sondern viel, viel mehr. Glaube ist natürlich auch Gnade, und wenn die Molekularbiologie recht hat, dann haben manche Menschen diese Gnade seit Geburt an, in Überfülle als Gottes-Gen tragen sie sie sogar in sich. Aber – damit es sich auswirkt, muss auch ein Gen aktiviert werden, z. B. durch Gebet, Schriftlesung, gute Werke ...

Hüther schildert als handlungsleitendes Motiv bei Tieren den Trieb, der stärker ist als alle Angst. Beim Menschen sprechen wir dann eher von Bedürfnis. *„Aber mit dieser Begrifflichkeit kommt man gänzlich durcheinander, wenn man eine Bezeichnung für das Motiv sucht, das Eltern (auch Vogeleltern) dazu bringt, sich selbst – um ihre*

Nachkommen zu retten – in Lebensgefahr zu bringen und dabei gegebenenfalls ihr Leben für das ihrer Jungen zu opfern. Dieses Gefühl ist stärker als der Hunger, stärker als der Geschlechtstrieb und ganz offenkundig auch stärker als alle Angst. " (Gerald Hüther, Die Macht der inneren Bilder, Vandenhoeck & Ruprecht 2009, S. 82)

Was ist mit diesem Gefühl, da wir doch angeblich laut Darwin von Natur aus auf Egoismus und Aggression, auf Überleben des Stärkeren aus sind?

Hier spätestens sollten wir innehalten und uns der neurobiologischen Forschung zuwenden. Denn das oben geschilderte Verhalten von Eltern zu ihren Kindern ist Liebe. Anhand innerer Bilder, wie gute Eltern sind, handeln und reagieren wir mit Fürsorge und Hilfsbereitschaft.

C.G. Jung hatte solche inneren Bilder bereits angenommen und nannte sie Archetypen, als Inhalte des kollektiven Unbewussten. Nach Jung besagt diese Bezeichnung, *„dass es sich bei den kollektiv-unbewussten Inhalten um altertümliche oder –*

besser noch – um urtümliche Typen, das heißt, seit alters her vorhandene allgemeine Bilder handelt. " (C.G. Jung, Ges.W. Bd.9/I, S. 10)

Auch die kollektiven inneren Bilder bedürfen im Einzelfall, wenn eben einer dieser Archetypen aus einer Situation heraus aktiviert (konstelliert) wurde, unserer Stellungnahme und unserer Entscheidung: Will ich mich auf mein Großhirn einstellen, will ich meine Vernunft gebrauchen oder will ich meinem Stammhirn oder Mittelhirn mit seinen animalischen Instinkten und (An)trieben folgen? Natürlich kann ich mich völlig ungeprüft den archaischen Impulsen zuwenden, dann werden die Darwinisten ihre Freude haben, oder ich besinne mich auf dieses hochkomplexe wundervolle, großartige neuronale Netzwerk meines Frontallappens des Großhirns.

Psychotherapeuten lernen, dass es nicht in Ordnung wäre, dem Klienten die eigene Wertvorstellung zu vermitteln.

C.G. Jung schreibt im Band 11 seiner Gesammelten Werke im Kapitel „Psychotherapie und Seelsorge":

„Was wird aber, wenn er nur allzu deutlich sieht, woran sein Patient krankt, dass er nämlich keine Liebe hat, sondern bloß Sexualität, keinen Glauben, weil ihn die Blindheit schreckt, keine Hoffnung, weil ihn Welt und Leben desillusioniert haben, und keine Erkenntnis, weil er seinen eigenen Sinn nicht erkannt hat? ... Man kann sich auch schlechterdings kein System und keine Wahrheit ausdenken, welche das gaben, was der Kranke zum Leben braucht, nämlich Glaube, Hoffnung, Liebe und Erkenntnis." (C.G. Jung, Ges.W. Bd.11, § 499)

„Es scheint mir, als ob parallel mit dem Niedergang des religiösen Lebens die Neurosen sich beträchtlich vermehrt hätten." (a.a.O., § 514)

„Die Psychoneurose ist im letzten Verstande ein Leiden der Seele, die ihren Sinn nicht gefunden hat." (a.a.O., § 497)

Der große Psychotherapeut spricht dann etwas sehr Interessantes und Tröstendes:

„Aus dem Leiden der Seele aber geht alle geistige Schöpfung hervor." Gleich darauf

schreibt er: *„Jeglicher Fortschritt des geistigen Menschen, und der Grund des Leidens ist der geistige Stillstand, die seelische Unfruchtbarkeit."*

Nun, ganz kurz an dieser Stelle: Was ist eine Neurose?

Je nach psychotherapeutischer Schule wird sie verschieden definiert. Nach Freud ist es der sogenannte Triebkonflikt, nach Jung ist Neurose eine (zeitweilige) Beeinträchtigung (Insuffizienz) in der natürlichen Fähigkeit der Psyche zur Selbstregulation. (Vgl. Wörterbuch Jungscher Psychologie von A. Samuels, Shorter und Plaut, Kösel 1989)

„Gleichzeitig kann man neurotische Symptome so verstehen, dass sie mehr sind als nur der Ausdruck einer darunterliegenden Störung oder eines Ungleichgewichts. Sie können insofern als Versuch zur Selbstheilung verstanden werden, als sie die Aufmerksamkeit eines Menschen auf die Tatsache konzentrieren, dass er aus dem Gleichgewicht ist und an Un-wohlsein krankt ... Zum klinischen Bild der Neurose gehört oft, nicht immer, ein Gefühl von Sinnlosigkeit. Das brachte Jung dazu, die typische Neurose metaphorisch als religiöses Problem zu bezeichnen." (C.G. Jung, Ges.W. Bd.11, §§ 500-515)

Sie kennen vielleicht die Entdeckung des Kinderarztes René A. Spitz, dem auffiel, dass im städtischen Säuglingsheim ein Großteil der Säuglinge trotz guter medizinischer Betreuung und Sauberkeit bei der Pflege starb. In unmittelbarer Nähe befand sich ein Gefängnis, in dem straffällig gewordene Frauen ihre Säuglinge bei sich haben durften. Obwohl in diesem Gefängnis katastrophale hygienische Zustände herrschten, waren die Säuglinge dort gesund und es starben nur ganz wenige.

Der Kinderarzt konnte das nicht verstehen und versuchte, dieser Sache nachzugehen. Er begann mit der Überlegung, welche Säuglinge im Heim überlebten, und entdeckte bald, dass die Säuglingsschwestern immer wieder Säuglinge streichelten, herumtrugen und ihnen besondere Aufmerksamkeit schenkten – aber es waren immer wieder dieselben, jede Schwester hatte sozusagen ihren Liebling – und diese Lieblinge überlebten. Im Gefangenenhaus nun hatten die Mütter ständig Kontakt mit ihren Kindern, die Säuglinge hatten also jede Menge Zuwendung von ihren Müttern.

Der Arzt folgerte daraus, und das gilt bis heute: Es war die menschliche – mütterliche

– Zuwendung, die diese Kinder am Leben erhielt.

Jetzt, Jahrzehnte später, weiß man auch, warum. So schreibt der Neurobiologe Joachim Bauer:

"Wie Sie sicher wissen, gibt es sogenannte Glücksbotenstoffe. Unser Gehirn besitzt ein sogenanntes Belohnungssystem, auch Motivationssystem genannt. Motivation ist auf lohnende Ziele gerichtet und soll den Organismus in die Lage versetzen, durch eigenes Verhalten möglichst günstige Bedingungen zum Erreichen dieser Ziele zu schaffen. Die Wissenschaftler konnten nun feststellen, dass nichts die Motivationssysteme so sehr aktiviert wie der Wunsch, von anderen gesehen zu werden, die

Aussicht auf soziale Anerkennung, das Erleben positiver Zuwendung und – erst recht – die Erfahrung von Liebe.

Die Einsicht, dass Akzeptanz und Anerkennung, die wir bei anderen finden, der tiefste Grund aller Motivation ist, ergab sich erst in den letzten fünf bis zehn Jahren und ist das Ergebnis einer Serie von teilweise überaus aufwendigen Untersuchungen. Entdeckt wurde dabei: Die Motivationssysteme schalten ab, wenn keine Chance auf soziale Zuwendung besteht, und sie springen an, wenn das Gegenteil der Fall ist, wenn also Anerkennung oder Liebe im Spiel ist." (Joachim Bauer, Prinzip Menschlichkeit, Hoffmann & Campe 2006, S. 35)

Was ich vorhin über das Säuglingsheim erzählte, gilt meiner Meinung nach auch für die Altenheime, ob es nun eine Seniorenresidenz oder ein Pflegeheim ist, oder eine Singlewohnung: Wenn zu wenig Zuwendung, keine Anerkennung und keine Achtung gegeben wird, verkümmern die Seele, der Geist und der Körper. Wenn das Essen nur ausgeteilt wird und wer nicht essen kann im Schnellverfahren gefüttert wird, weil ja keine Zeit da ist, denn die ist mit Dokumentationen etc. zu verbringen, dann fühlt sich der alte Mensch einfach zu wenig oder gar nicht beachtet, versucht sich vielleicht durch lästiges Verhalten wenigstens ein bisschen Beachtung zu verschaffen (wie nicht beachtete Kinder sich lieber Ohrfeigen holen als gar nicht beachtet zu werden).

Natürlich möchte ich dazu sagen, dass Krankenpflege ein schwerer Beruf ist, und noch belastender in Altersheimen. Das geht meist nur wirklich gut mit einer guten religiösen Einstellung, mit dem Blick auf Christus, den ich hier stellvertretend pflegen darf!

Nicht umsonst sind von geistlichen Schwestern geführte Altenheime so beliebt. Da aber fehlt leider sehr oft der Nachwuchs, warum wohl?

Es fehlt uns allemal der Glaube, denn wir
     können nicht genug glauben,
es fehlt uns allemal die Hoffnung, denn wir
     können nicht genug hoffen, und
es fehlt uns allemal die Liebe, denn wir
     können leider auch nie genug lieben -
     auch ich nicht!

Aber wir wollen es wenigstens, wir wollen glauben, hoffen und lieben – was ist das Maß der Liebe, Sie wissen es, es ist lieben ohne Maß!

Liebe ohne Maß

Gilt dieses Maß aber auch für jeden Einzelnen von uns?

Es gibt Menschen, die sich für andere geradezu aufopfern, eine Hausfrau z. B. mit einigen Kindern und einem Mann, den sie alles recht machen will, aber auch eine berufstätige Frau mit nur einem Kind ist oft so von den alltäglichen Pflichten überwältigt, dass sie sich um sich selbst fast nicht mehr kümmern kann. Dann gibt es manche Berufe, die den Mann oder die Frau voll und ganz beanspruchen, dazu kommt dann oft noch der Druck, möglichst fehlerfrei zu arbeiten. Das alles kann sehr viel Stress verursachen. Mit Humor lässt es sich vielleicht noch einige Zeit besser tragen und man zitiert vielleicht lachend Eugen Roth's Gedicht „Allzu eifrig":

Ein Mensch sagt - und ist stolz darauf-
Er geh in seinen Pflichten auf.
Bald aber, nicht mehr ganz so munter,
Geht er in seinen Pflichten unter.

Manche sprechen dann vom Ausbrennen und die Psychologen sagen, es sind vor allem die Engagiertesten, die Eifrigsten und Pflichtbewusstesten, die in Gefahr sind, auszubrennen.

Aber wenn das Maß der Liebe lieben ohne Maß ist, dann darf ich mich doch nicht schonen, meinen manche Menschen.

Vor so einer „maßlosen" Liebe sollte man sich hüten. Nicht nur zu seinem eigenen Schutz, sondern auch zum Schutz des Gegenübers.

Vom Wachsen und Schwinden der Liebe

Kardinal Franz König schreibt in seinem Buch „Gedanken für ein erfülltes Leben" vom Wachsen und Schwinden der Liebe:

„Es ist so vieles brüchig an unserem Glauben, es ist so vieles dürr an unserer Liebe, es ist so vieles entschwunden, was einst in uns war an Glaube, Hoffnung und Liebe. Woher kommt das? Gewiss, der Glaube ist Gnade, die Liebe ist Gnade. Aber wir sind am Wachsen dieser Liebe wesentlich beteiligt. Das ist bei jeder Liebe so, auch und vor allem bei jener Liebe, die Gott gibt. Was haben wir dazu beigetragen, dass jene erste Liebe zu Gott, die wir einmal erfahren haben, in uns wach bleibt? In der Geheimen Offenbarung sagt Jesus zu uns: 'Ich werfe dir vor, dass du deine erste Liebe verlassen hast. Bedenke, aus welcher Höhe du gefallen bist. Kehr zurück zu deinen ersten Werken!' Wo sind die Zeiten geblieben, da wir Gott mit der ganzen Sehnsucht unseres Herzens gesucht haben; da wir mit brennendem Herzen nach der Wahrheit gesucht haben, nach einem Leben ohne

falsche Kompromisse? Was hat sich ver-
ändert – und warum? Und wer hat sich
verändert? Wenn Gott jener 'unbewegte
Beweger' ist, der einzig stabile Anker im
Gang der Zeiten, dann waren es wohl
wir ... " (Kardinal Franz König, Gedanken für ein
erfülltes Leben, Styria 2004)

Selbstliebe

In der Bibel steht: *Du sollst deinen Nächsten lieben wie dich selbst.* Hier wird die Selbstliebe einfach vorausgesetzt.

Auch Meister Eckhart spricht im gleichen Sinn von Selbstliebe: *„Hast du dich selbst lieb, so hast du alle Menschen lieb wie dich selbst.“*

„Die Liebe hat aber ebenso hohe Bedeutung für die Selbstbeziehung. Das erkannte bereits Sigmund Freud ... Als eminente Integrationsstärke, als identitätsbildende Energie, als Selbstentwicklungskraft. Hilflosigkeit, Ohnmacht, Angst, Schwäche und Tod überwindet in allen Liedern und in der

*Realität die Liebe. So gilt die Liebe folge-
richtig als beste Medizin. Sie bedeutet dann
dauerndes Geborenwerden des Selbst. Die
ideale Eigenbeziehung, die im Idealselbst."*
(Michael Lukas Moeller, Auf dem Weg zu einer
Wissenschaft von der Liebe, rororo 2002, S. 38)

Viele meinen nun, Selbstliebe sei dasselbe
wie Selbstsucht oder Narzissmus, ein Ausdruck, den Freud verwendete. *„Narzissmus
ist die erste Stufe der menschlichen Ent-
wicklung und wer im späteren Leben auf
diese Stufe zurückkehrt, ist unfähig zu
lieben."* (Erich Fromm, Die Kunst des Liebens,
Ullstein 1986, S. 70)

Selbstliebe meint eben gerade nicht Selbstsucht!

„Der Selbstsüchtige interessiert sich nur für sich selbst, er will alles für sich, er hat keine Freude am Geben, sondern nur am Nehmen. Die Außenwelt interessiert ihn nur insofern, als er etwas für sich herausholen kann. Die Bedürfnisse anderer interessieren ihn nicht, und er hat keine Achtung vor ihrer Würde und Integrität. Er kann nur sich selbst sehen; einen jeden und alles beurteilt er nur nach dem Nutzen, den er davon hat. Er ist grundsätzlich unfähig zu lieben.“ (a.a.O., S. 72)

Von maßloser Freude und Liebe

Und noch einmal kommt Kardinal Franz König zu Wort. Er spricht in seinem Buch auch über übertriebenen Konsum, übertriebene Genusssucht. Hier seine Gedanken dazu:

„Konsum, Reichtum, Macht haben den Menschen wenig Freude gebracht: Die Zunahme von Neurosen und Depressionen, die Selbstmordzahlen, die finsteren und mürrischen Gesichter auf den Straßen sprechen eine deutliche Sprache.

Freude ist eben nicht Wohlbehagen oder Rausch, sie kommt aus der Herzmitte des Menschen und bringt den ganzen Menschen zum Schwingen, wenn sie echt ist. Freude will sich auch mitteilen, will andere teilhaben lassen. Vielleicht tun sich auch deshalb so viele Menschen in unserer auf Egoismus und Konkurrenz basierenden Gesellschaft mit der Freude so schwer. Christen könnten einen unersetzlichen Dienst an der Gesellschaft leisten, wenn sie *wieder mehr Mut und Motivation zur Freude hätten. Denn Freude im christlichen Sinn hat nichts mit falschem Optimismus zu tun. Sie ist vielmehr eine Grundstimmung des Friedens, der geglückten Beziehung zu Gott, zur Umwelt und zu sich selbst.*

Freude im christlichen Sinn ist die Erfahrung der Harmonie mit der Schöpfungs- und Heilsordnung. Wer, wenn nicht die Christen, sollte zu dieser echten, den Menschen mit Leib und Seele erfassenden Freude und Liebe fähig sein? Ist nicht das Evangelium eine 'Freudenbotschaft'? Und war es nicht diese Grundstimmung der Freude und Liebe, die aus der Gottesnähe wächst, die gerade die Urkirche ausgezeichnet hat? Wie notwendig ist gerade in unserer Welt das Zeugnis gelebter Freude! Einer Freude, die auch das Leid ganz ernst nimmt und es trotzdem umgreift. Und wie wichtig wären Christen, die jene Heiterkeit des Herzens ausstrahlen, die ihnen ihr Glauben schenkt. Erfüllt von einer Freude auch, die 'niemand nehmen kann'. " (Kardinal Franz König, Gedanken für ein erfülltes Leben, Styria 2004)

Ist Selbstsucht tatsächlich dasselbe wie Selbstliebe?

Oder ist Selbstsucht die Folge davon, dass die Selbstliebe fehlt?

Selbstsucht kann aber auch heißen, dass der Selbstsüchtige sich selbst, sein Selbst sucht. Dass er oder sie im wahrsten Sinne selbstlos ist, sich selbst noch nicht liebend gefunden hat. Sich des großen Geschenkes Gottes nicht bewusst ist. Dass das Leben von Gott geschenkt ist, dass unsere Fähigkeiten und unsere Möglichkeiten Geschenke sind und dass er/sie sich lieben darf – ja soll, ja muss, aber eben in der rechten Weise, im Gespräch mit Gott, in liebender Verbindung mit ihm.

Natürlich sind wir Gott gegenüber kleiner, ähnlich wie Ameisen für uns, aber gerade das ist doch das Wunderbare, dieser große Gott liebt uns, liebt mich, liebt jeden einzelnen von Ihnen. ER ist der gute Hirte, wenn wir Schafe sind, die sich verlaufen haben oder auch nur auf unseren Weiden herumlaufen, teils ziellos, teils traurig, teils zielstrebig nach fettem Gras.

Ist das Biblische Gebot „*Liebe deinen Nächsten wie dich selbst*" nicht auch umkehrbar?

Liebe dich selbst wie deinen Nächsten. Warum sollte ich das tun? Ich werde Ihnen einige Gründe nennen.

Im Psalm 139 heißt es: „*Ich danke dir Herr, dass du mich so wunderbar gestaltet hast, ich weiß wunderbar sind deine Werke ...*"

An anderer Stelle wiederum heißt es in der Heiligen Schrift: „*Nur weniges hat Gott den Menschen unter die Engel gestellt ...*"

Sollten wir also nicht Freude, Achtung und Liebe zu unserem eigenen Selbst haben, eine Liebe, die dann nicht von unserer Liebe zum Nächsten und zu unserem Gott zu trennen ist?

Nun, der Hl. Bernhard von Clairvaux gibt hier eine deutliche, gute Auskunft, sofern wir das Gebot „Du sollst den Nächsten lieben wie dich selbst" im Bereich der Selbstliebe noch nicht wirklich wahrnehmen konnten.

Der Hl. Bernhard von Clairvaux war zu seiner Zeit ein beliebter Ratgeber in den Dingen des geistlichen Lebens. Die Größen und Angesehenen seiner Zeit hörten auf ihn. Auch der damalige Papst, es war Eugen III. Auf seinen Wunsch hin verfasste der Heilige seine Schrift: „De consideratione" – „Über die Besinnung". In dieser an den Papst gerichteten Schrift steht Folgendes:

„Wie kannst du aber voll und echt Mensch sein, wenn du dich selbst verloren hast? Auch du bist ein Mensch. Damit deine Menschlichkeit allumfassend und voll-kommen sein kann, musst du also nicht nur

für alle anderen, sondern auch für dich selbst ein aufmerksames Herz haben. Denn was würde es dir sonst nützen, wenn du – nach dem Wort des Herrn – alle gewinnen, aber als einzigen doch selbst verlieren würdest? Wenn also alle Menschen ein Recht auf dich haben, dann sei auch du selbst ein Mensch, der ein Recht auf sich selbst hat. Warum solltest einzig du selbst nichts von dir haben? (...)

Wie lange noch schenkst du allen anderen deine Aufmerksamkeit, nur nicht dir selbst? Du fühlst dich Weisen und Narren verpflichtet und verkennst einzig dir selbst gegenüber deine Verpflichtung? Narr und Weiser, Knecht und Freier, Reicher und Armer, Mann und Frau, Greis und junger Mann, Kleriker und Laie, Gerechter und Gottloser – alle schöpfen aus deinem Herzen wie aus einem öffentlichen Brunnen, und du selbst steht durstig abseits? Wenn schon der der Verdammnis verfällt, wer seinen Anteil schrumpfen lässt: Was geschieht erst mit dem, der ihn sich ganz aus den Händen nehmen lässt?

Lass ruhig deine Wasser über die Plätze fließen: Menschen und Rinder und alles Vieh mögen von ihnen trinken, und meinetwegen kannst du sogar die Kamele des Knechtes Abraham tränken; aber mit ihnen allen trinke auch du vom Wasser deines Brunnens. 'Ein Fremder soll nicht aus ihm trinken', heißt es. Bist du etwa dir selbst ein Fremder? Und bist du nicht jedem fremd, wenn du dir selbst fremd bist? Ja, wer mit sich selbst schlecht umgeht, wem kann der gut sein?

Denk also daran: Gönne dich dir selbst. Ich sage nicht: Tu das immer; ich sage nicht: Tu das oft; aber ich sage: Tu es immer wieder einmal. Sei wie für alle anderen auch für dich selbst da, oder jedenfalls sei es nach allen anderen." (Bernhard von Clairvaux, zit. aus Müller W., Gönne dich dir selbst, Vier-Türme 1998, S. 25 f)

Hier wird deutlich, wie wichtig Zeiten der Stille, der Besinnung und der inneren Betrachtung sind. So kann ich meiner selbst inne werden, mit meiner Liebesfähigkeit, mit meinen guten Anlagen, aber auch mit meinen Erwartungen, Verpflichtungen und Versäumnissen. Alles, was mich eben ausmacht. Ich darf Freude über meine Liebe empfinden, meine Liebe zu Gott, zu den Mitmenschen und mir selbst. (Vgl. Wunibald Müller, Gönne dich dir selbst, Vier-Türme 1998)

Diese Sätze hat Bernhard von Clairvaux in den letzten Jahren seines Lebens geschrieben und er hat sie auch in einige Lebensregeln zusammengefasst:

Es ist gut und tut gut,
auch für sich selbst
ein aufmerksames Herz zu haben.
Es ist gut und tut gut,
auch sich selbst nicht 'fremd' zu sein.
Es ist gut und tut gut,
auch (zu) sich selbst 'gut' zu sein.
Es ist gut und tut gut,
auch für sich selbst 'da' zu sein.

Der Moraltheologe und Sozialethiker Prof. Bernhard Sill schreibt dazu: *„Wozu diese einzelnen Lebensregeln befähigen wollen, ist wieder und wieder dies: die Logik des Imperativs 'Gönne dich dir selbst!' zu unserer eigenen existentiellen Lebenslogik werden zu lassen. Denn sooft das geschieht, sooft ist eine Lebenskunst gekannt und gekonnt, die uns davor bewahrt, irgendwann andere nicht mehr leiden zu mögen, weil wir und selbst nicht mehr leiden mögen, irgendwann anderen mehr und mehr fremd zu werden, weil wir uns selbst mehr und mehr fremd geworden sind, irgendwann zu anderen nicht mehr gut sein zu können, weil wir nicht mehr gut zu uns selbst sein können, irgendwann nicht mehr mit anderen gut umgehen zu können, weil wir mit uns selbst nicht mehr gut umgehen können.“* (Bernhard Sill, Gönne dich dir selbst, PSYCHOLOGIE HEUTE compact, Beltz 2007, S. 37 ff)

Der Psychoanalytiker Erich Fromm schreibt, dass Lieben eine Kunst ist und dass die Ausübung jeder Kunst gewisse allgemeine Voraussetzungen braucht, um ein Kunstwerk zu schaffen, ganz gleich ob Schmiedekunst, Goldschmiedekunst, Dichtkunst,

Tischlerkunst oder Kunst der Medizin –
Kunst kommt von Können und so mancher
Chirurg ist ein wahrer Künstler z. B. im
Operieren. Die sogenannte moderne Kunst
zeichnet sich allerdings geradezu dadurch
aus, dass manches, was hier geboten wird,
nicht die folgenden Kriterien der Kunst
erfüllt, Schweineblut auf eine Leinwand
schütten ist keine Kunst, die Kunst ist hier
eher die Vermarktung dieser Dinge.

Nun, Fromm nennt drei wichtige Kriterien,
die zur Ausübung einer Kunst wichtig sind:
DISZIPLIN
KONZENTRATION
GEDULD

Für Fromm ist Lieben eine produktive
Tätigkeit, die beinhaltet, für jemanden oder
etwas zu sorgen, ihn zu kennen, auf ihn
einzugehen, ihn zu bestätigen, sich an ihm
zu erfreuen – sei es ein Mensch, ein Tier –
sich sorgen für ein Meerschweinchen, einen
Hasen oder Katz und Hund – wir sehen das
ja am besten an den Kindern, wie liebevoll
sie sich um ihr Hasi oder Mausi kümmern.

Besorgte, ja fast verzweifelte Eltern brachten ihre 13-jährige Tochter zu mir, nachdem sie eine Woche vorher wegen Koma-Trinken im AKH gelandet war. Das junge Mädchen war anfangs sehr abweisend, halt pubertär und sehr beeinflusst von ihren Freundinnen und Freunden. Bald waren doch längere Gespräche möglich. Dann blieb sie einige Wochen weg. Als sie wieder kam war ich sehr beeindruckt, wie positiv sich dieses junge Mädchen verändert hatte. Sie strahlte mich an und zeigte mir ihre Katze, die sich an sie schmiegte, und sagte mir, wie lieb sie die Katze habe und dass sie sich seither viel besser fühle, sogar das Lernen falle ihr leichter, wenn die Katze bei ihr sei.

Fromm meint, dass auch die Natur, ein Baum, ein Bild oder eine Idee diese Liebe aktivieren kann. *„Es bedeutet, ihn (sie es) zum Leben zu erwecken, sein (ihr) Lebensgefühl zu steigern; es ist ein sich selbst erneuernder und intensivierender Prozess. "* (Erich Fromm, Haben oder Sein, dtv 1976, S. 51 ff)

Bei Aktionen der Nächstenliebe setzt das Gehirn nämlich sogenannte Glückshormone (Serotonin, Melatonin) frei.

Willst du geliebt werden, so liebe

Einmal mehr: Was ist das Maß der Liebe? Sie wissen es: Es ist Lieben ohne Maß.

Wollen Sie einen Liebestrank, ein Mittel, damit Sie geliebt werden? Der Philosoph Seneca schreibt:

Ich will dir ein Liebesmittel anzeigen, ohne Trank, ohne Kräuter, ohne Zauberformeln: Willst du geliebt werden, so liebe.

Ich kann Ihnen sagen, das wirkt immer, wirklich immer!

Nun möchte ich Ihnen noch etwas über Motivationssysteme erzählen.

„Die Frage nach dem 'Wozu' der Motivationssysteme ist nur theoretischer Natur. Denn tatsächlich ist die Freisetzung der Wohlfühlbotenstoffe – von Dopamin, endogenen Opioiden und Oxytozin – immer an Voraussetzungen gebunden. Motivation ist auf lohnende Ziele gerichtet und soll den Organismus in die Lage versetzen, durch eigenes Verhalten möglichst günstige

66

Bedingungen zum Erreichen dieser Ziele zu schaffen. Dadurch erhält die Bezeichnung 'Motivationssysteme' ihren eigentlichen Sinn.

Die Aufdeckung dessen, was die Motivationssysteme aus neurobiologischer Sicht eigentlich 'wollen' und wohin sie das Verhalten des Individuums lenken, gelang erst im Laufe der letzten Jahre. Das Ergebnis verblüffte selbst die Fachwelt: Das natürliche Ziel der Motivationssysteme sind soziale Gemeinschaft und gelingende Beziehungen mit anderen Individuen, wobei dies nicht nur persönliche Beziehungen betrifft, Zärtlichkeit und Liebe eingeschlossen, sondern alle Formen sozialen Zusammenwirkens.

Bindungen, welche durch die Motivationssysteme angestrebt werden, betreffen in erster Linie Individuen der gleichen Art. In Einzelfällen sind auch Bindungen zu Individuen 'befreundeter' Arten möglich, etwa zu Haustieren. Aus diesem Grund können bestimmte Tierarten (zum Beispiel Ponys, kleine Haustiere, aber auch Delfine) bei Bindungsstörungen therapeutisch eingesetzt werden.

Für den Menschen bedeutet dies: Kern aller Motivation ist es, zwischenmenschliche
    Anerkennung,
    Wertschätzung,
    Zuwendung oder Zuneigung
zu finden oder zu geben.
Wir sind – aus neurobiologischer Sicht – auf soziale Resonanz und Kooperation angelegte Wesen. Vor dem Hintergrund der zuvor entdeckten Bedeutung der Motivationssysteme für die Entstehung von Suchtkrankheiten war dies derart überraschend, dass Thomas Insel im Jahr 2003 einen wissenschaftlichen Artikel mit dem ironischen Titel überschrieb: 'Is social attachment an addictive disorder?', was so viel heißt wie 'Ist soziale Bindung eine Suchtkrankheit?'. " (Joachim Bauer, Prinzip Menschlichkeit, Hoffmann & Campe 2006, S. 33 ff)

Die Dopamin-Achse ist das Kernstück des Motivationssystems und es erhält von den Emotionszentren des Gehirn (ACC – Anteriorer Cingulärer Cortex = das oberste Emotionszentrum, und Amygdala) Informationen darüber, ob in der Außenwelt Objekte vorhanden sind, für die es sich lohnt, aktiv zu werden.

Wodurch nun werden die Motivationssysteme aktiviert, um dann unser Belohnungssystem zum Reagieren zu veranlassen? Wenn der Kern aller Motivation Anerkennung, Wertschätzung und Zugewandtheit ist, welche natürlichen Voraussetzungen sind dann zu erfüllen, damit diese Systeme ihre Glücksbotenstoffe abgeben?

Die wichtigste Voraussetzung, Joachim Bauer spricht von Quelle, ist die zwischenmenschliche Beziehung!

DIE LIEBE ALLEIN BESTIMMT DEN WERT UNSERES TUNS. (DASal 6,368)

Wie Beziehung gelingt

Nun, welche wesentlichen Voraussetzungen sieht der Neurobiologe Bauer für das Gelingen einer Beziehung? Wie drückt sich diese Liebe, die zu einer guten Beziehung gehört, denn aus?

Joachim Bauer formuliert folgende Voraussetzungen für das Gelingen einer guten Beziehung:

1. Sehen und Gesehenwerden
   (das 'Ansehen', das jemand hat, wird von Menschen gegeben, auch von uns)
2. gemeinsame Aufmerksamkeit gegenüber etwas Drittem
3. emotionale Resonanz
4. gemeinsames Handeln und
5. das wechselseitige Verstehen von Motiven und Absichten

(Vgl. Joachim Bauer, Prinzip Menschlichkeit, Hoffmann & Campe 2006, S. 190)

Jede dieser fünf Voraussetzungen ist wichtig. In psychologischen Beobachtungen hat sich herausgestellt, dass bereits bei dauerhaftem Ausfall von nur einer der oben genannten Komponenten längerfristige Beziehungen scheitern können – ob am Arbeitsplatz, im Freundeskreis oder in der Partnerschaft.

Nun wollen wir uns die einzelnen Punkte genauer ansehen.

**1. Sehen und als Person wahr-
   genommen werden**

Menschen wollen – auch aus neurobiologischer Sicht –, dass man sie als Person wahrnimmt. Wenn sie dies spüren, erzeugt allein dieser Umstand Motivation und kann Glückshormone aktivieren.

Nichtbeachtung ist die ärgste Form der Kränkung und damit ein Beziehungskiller und Motivationskiller.

**2. Gemeinsame Aufmerksamkeit
   gegenüber etwas Drittem**

Die einfachste Anteilnahme ist sich dem zuzuwenden, wofür sich eine andere Person interessiert.

Ein Beispiel: Eine Mutter erzählt stolz von ihrem kleinen Sohn, dass er seinen ersten Zahn bekommen hat, die Kollegin geht darauf überhaupt nicht ein, weil es sie halt wirklich nicht interessiert, die Mutter aber ist gekränkt, empfindet es als Geringschätzung ihres Mutterseins.

Anderes Beispiel: Ein Ehemann kommt nach Hause und erzählt, wie ihn sein Chef heute gelobt hat, darauf die Ehefrau: „Und wer lobt mich?" Wenn der Ehemann seine Enttäuschung kurz schlucken kann und darauf sagt: „Ich lobe dich natürlich, wie hast du das so hingekriegt, dass du mit dem Kochen schon fertig bist" oder Ähnliches, dann ist der Hausfrieden gerettet. Später sollte er allerdings nochmals darauf zurückkommen, in aller Ruhe und liebevoll seine Enttäuschung ansprechen. Wenn er aber sagt: „Ich werde dir nie mehr was erzählen", dann lässt sich unter Umständen lange streiten.

3. Emotionale Resonanz

Emotionale Resonanz als drittes Beziehungselement ist die Fähigkeit, auf die

Stimmung des anderen einzugehen oder andere mit der eigenen guten Stimmung anzustecken. Wenn wir um Empathie bemüht sind, wird uns schon auf Grund der Spiegelneuronen die emotionale Resonanz leicht fallen.

Ein Beispiel: Sie treffen zufällig eine gute Freundin, die sich länger nicht gemeldet hat, Sie sehen ihrem Gesicht an, den Augen, den Mundwinkeln, da stimmt etwas nicht. Sie fragen, ob sie Kummer hat, die Freundin beginnt zu weinen, sich auszuweinen. Es gelingt Ihnen, sie zu trösten.

Nicht nur Mitgefühl, auch gemeinsames Lachen fördert die emotionale und soziale Resonanz. *„Dean Mobbs und Allen Reiss aus Stanford konnten zeigen, dass Witze, Humor und das damit verbundene Lachen an eine Reaktion des Kernstücks der Dopamin-Achse gekoppelt ist."* (Joachim Bauer, Prinzip Menschlichkeit, Hoffmann & Campe 2006, S. 42)

Gemeinsames Lachen wirkt verbindend. Interessant ist, dass Frauen auf Humor neurobiologisch stärker reagieren als Männer.

Auch Musik aktiviert unser Motivations-
zentrum, indem es auf die Emotionszentren
wirkt. *„Neben einer Mobilisierung verschiedener Emotionszentren beobachteten
Hirnforscher bei Probanden, die schöner
Musik zuhörten, eine ausgeprägte Reaktion
des Dopamin-Systems. Dies ist deshalb
interessant, weil Musik bekanntlich das
Phänomen der Resonanz – allerdings in
seiner physikalischen Dimension – zur
Grundlage hat. Dass wir uns als biologische Wesen von dieser Resonanz nicht
nur berühren lassen können, sondern auch
unter dem Einfluss von Musik, die wir als
schön empfinden, untereinander die
psychologische Resonanz verstärken, ist ein
bemerkenswertes, ja geradezu magisch
anmutendes Parallelphänomen von Physik
und Biologie. Musik ist vor allem verbunden
mit gemeinsamer Bewegung oder mit Tanz
– in der Lage, kooperatives Verhalten in
sozialen Gemeinschaften zu verstärken.
Diese Bedeutung der Musik scheint auch
der Körper zu empfinden.“* (Joachim Bauer,
Prinzip Menschlichkeit, Hoffmann & Campe 2006,
S. 43 f)

Wir sehen also, dass nicht nur zwischenmenschliche Zuwendung, sondern auch Humor, Musik und Tanz soziale Verbundenheit herstellen und verstärken.

Emotionale Resonanz und das Phänomen der Spiegelneuronen hängen eng zusammen, wie der Entwicklungspsychologe und Psychoanalytiker Daniel Stern es beschreibt: *„Wir können die Intentionen anderer Menschen 'lesen' und im eigenen Körper fühlen, was der Andere empfindet. Dies geschieht keineswegs auf mystische Weise, sondern indem wir ihm ins Gesicht sehen, seine Bewegungen und seine Körperhaltung beobachten, dem Tonfall seiner Stimme lauschen und auch den unmittelbaren Kontext seines Verhaltens berücksichtigen. Dieses 'Gedanken- und Gefühlslesen' gelingt uns recht gut, auch wenn unsere intuitiven Eindrücke nachträglich bestätigt und feinabgestimmt werden müssen ... Wir analysieren das Verhalten anderer mit Hilfe unserer eigenen inneren Wahrnehmung ... Unser Nervensystem ist so konstruiert, dass es vom Nebensystem anderer Menschen verstanden wird. Wir können andere nicht*

nur mit unseren eigenen Augen wahr-
nehmen, sondern auch so, als ob wir in ihrer
Haut steckten. Potentiell steht uns eine Art
emotionaler Pfad offen, der direkt in den
anderen hinein führt; wir nehmen an seinem
Erleben teil und lassen es in uns wider-
hallen, und umgekehrt gilt das Gleiche."
(Daniel Stern, Der Gegenwartsmoment, Brandes &
Apsel 2005, S. 88 f)

4. Gemeinsames Handeln

Gemeinsames Handeln ist ein ganz
wichtiges Beziehungselement, das in
hohem Maße Beziehung stiften kann.

Ein Beispiel: Eine Kollegin erzählt, dass sie
umzieht und völlig überfordert ist, sie
wollte Wäsche und Kleidung in Koffern mit
ihrem Auto in die neue Wohnung bringen,
aber sie habe so viele Sachen. Sie sagen,
dass Sie heute abends Zeit hätten, wenn sie
will, helfen Sie ihr – so etwas stiftet
Beziehung, sie wird Ihnen das ein Leben
lang nicht vergessen.

Anderes Beispiel: Es ist jetzt etwa dreißig
Jahre her, ich betreute meine alte

Großmutter, die man nicht mehr alleine lassen konnte, da sie völlig verwirrt war. Eine gute Freundin kam regelmäßig zur Oma, damit ich weggehen konnte. Das vergesse ich ihr bis heute nicht, wir haben gleichsam gemeinsam die Oma betreut. Ich sehe sie heute noch: Als ich nach Hause kam, saß meine Freundin Resi im Wohnzimmer neben der Oma und betete mit ihr gerade einen Rosenkranz.

Auch Kinder vergessen manche gemeinsame Aktionen mit den Eltern ihr Leben lang nicht. Joachim Bauer schreibt, solche Aktionen mit den Kindern „*hinterlässt ein nachhaltiges Beziehungs-Engramm. Dies ist auch der Grund, warum sich Bequemlichkeit mit guter Beziehungsgestaltung grundsätzlich schlecht verträgt. Sich für eine Beziehung nicht in Bewegung setzen zu wollen, wird von anderen zu Recht als Zeichen fehlender Motivation erkannt.*" (Joachim Bauer, Prinzip Menschlichkeit, Hoffmann & Campe 2006, S. 192 f)

Zum gemeinsamen Handeln können wir auch das gemeinsame Musizieren und das gemeinsame Tanzen zählen.

Dazu meint der amerikanische Psychoanalytiker Erich Fromm: „*Echte Liebe ist Ausdruck inneren Produktivseins und impliziert (schließt ein) Fürsorge, Achtung, Verantwortungsgefühl und 'Erkenntnis'. Sie ist kein 'Affekt' in dem Sinn, dass ein anderer auf uns einwirkt, sondern sie ist ein tätiges Bestreben, das Wachstum und das Glück der geliebten Person zu fördern. Dieses Streben aber wurzelt in unserer*

79

eigenen Liebesfähigkeit. " (Erich Fromm, Die Kunst des Liebens, Ullstein 1986, S. 71)

Erkenntnis meint hier immer das Einfühlen Können, die Empathie, die Aktivierung der Spiegelneuronen! Erkenntnis meint auch das Bemühen, die Motive und Ansichten des anderen zu verstehen.

Damit kommen wir zu Punkt fünf der wesentlichen Voraussetzungen für das Gelingen einer liebevollen Beziehung:

5. Wechselseitiges Verstehen von Motiven und Absichten

„Riesige Motivationspotenziale werden oft nur deshalb nicht ausgeschöpft, weil Einschätzungen anderer Menschen vorgenommen wurden, ohne sie zu verstehen." (Joachim Bauer, Prinzip Menschlichkeit, Hoffmann & Campe 2006, S. 193)

Eine entscheidende Voraussetzung für das Gelingen einer liebevollen Beziehung ist, Motive, Vorlieben, Abneigungen und Absichten richtig zu erkennen. Damit wir jemand verstehen können, ist das Gespräch mit ihm das allerwichtigste. Natürlich ist eine gute Beobachtungsgabe und Intuition auch sehr förderlich.

Wie ist das nun in Beziehungskrisen und bei schmerzlichen Verlusten von nahestehenden Angehörigen oder Freunden?

„Beziehungskrisen und Verluste beeinflussen also nicht nur die Motivations-, sondern auch die Stresssysteme des Körpers. Kurzfristige Aktivierungen der Stressantwort haben keine nachteiligen Folgen, im Gegenteil. Ohne Herausforderungen hätten wir keine Möglichkeit, uns vor uns selbst und unseren Mitmenschen zu bewähren, deren Anerkennung zu erhalten und auf diesem Wege unseren Motivationssystemen ein lohnendes Ziel zu bieten. Auch durch zwischenmenschliche Konflikte ausgelöster Stress muss nicht zu Beeinträchtigungen führen, vorausgesetzt, der Konflikt wird angesprochen, offen ausgetragen und bereinigt. Die ständige Hochschaltung der Stresssysteme ist dagegen aus neurobiologischer Sicht gefährlich. Eine solche Daueraktivierung kann durch anhaltende, den betroffenen Menschen überfordernde

*(Arbeits- oder andere) Belastungen hervor-
gerufen werden. Aber auch nicht lösbare
Beziehungsschwierigkeiten können Dauer-
stress verursachen."* (Joachim Bauer, Prinzip
Menschlichkeit, Hoffmann & Campe 2006, S. 66 f)

Nach Joachim Bauer sind die Motive des
Beziehungswesens Mensch Zuwendung
und Kooperation. Schwere Störungen oder
Verluste maßgeblicher zwischenmensch-
licher Beziehungen führen zu einer Mobil-
machung biologischer Stresssysteme. Aus
beidem, sowohl aus der Deaktivierung der
Motivations- als auch aus der Aktivierung
der Stresssysteme, können sich gesundheit-
liche Störungen ergeben. Dies macht
deutlich, dass Menschen nicht für eine
Umwelt 'gemacht' sind, die durch Isolation
oder ständige Konflikte gekennzeichnet ist.

Das System der Spiegelnervenzellen ist ein
neurobiologisches System, das eine intuitive wechselseitige soziale Einstimmung
ermöglicht. Das System dieser besonderen
Zellen sorgt dafür, dass ein Mensch das, was
es bei einem anderen Menschen wahrnimmt,
im eigenen Organismus – im Sinne einer
stillen inneren Simulation – nacherlebt (dies

ist der Grund, warum wir zum Beispiel Schmerz empfinden, wenn wir zusehen müssen, wie sich eine andere Person heftig verletzt, oder warum emotionale Stimmungen ansteckend sind).

Dadurch ergeben sich weitreichende – bislang noch nicht in ganzer Breite erforschte – Möglichkeiten sozialer Resonanz. Sie ermöglichen dem Menschen eine besondere Form sozialer Verbundenheit: Mitgefühl, Empathie.

Bei den Spiegelneuronen verhält es sich wie bei den Motivationssystemen und den biologischen Stresssystemen: Sie funktionieren nur dann, wenn Menschen in der Prägungsphase ihres Lebens hinreichend gute Beziehungserfahrungen machen konnten und wenn spätere Traumatisierungen nicht zu einer psychischen und neurobiologischen Beschädigung dieser Systeme geführt haben.

Falls sich zu der genetischen Ausstattung eines Menschen die notwendigen Umweltbedingungen hinzugesellen, ist er aufgrund seiner körpereigenen Systeme ein in

Richtung Kooperation und „Menschlichkeit" ausgerichtetes Wesen. (Vgl. Joachim Bauer, Prinzip Menschlichkeit, Hoffmann & Campe 2006, S. 69 ff)

Wer glaubt, ist niemals alleine

„Wer glaubt, ist niemals alleine" war das Motto einer Papstreise nach Deutschland. Wie wichtig dieser Satz ist, sehen wir am besten wiederum an verschiedenen Studien über ungewollte Einsamkeit.

Diesen Satz sollen wir uns auf der Zunge zergehen lassen, ich meine damit, meditieren, verinnerlichen. Wie heißt es in der Hl. Schrift: *„Wer meine Gebote hält, der bleibt in mir und ich in ihm"*, oder *„Ich bin bei euch, alle Tage eures Lebens"*.

Gott liebt uns – das ist auch das, was Papst Benedikt uns in seiner Enzyklika „Gott ist die Liebe" nahe bringen will.

Verschiedene Wissenschaftler sind laut Joachim Bauer der Meinung, dass intakte soziale Netzwerke die Gesundheit schützen und die Lebenserwartung erhöhen. Einsamkeit hingegen begünstigt einen erhöhten Spiegel der Stresshormone Adrenalin und Noradrenalin. Auch scheint es die für die Depression vorhandenen Neurotransmitter abzusenken. (Joachim Bauer, Prinzip Menschlichkeit, Hoffmann & Campe 2006, S. 68 f)

Menschliche Zuwendung als Medikament

Dopamin, Oxytozin und endogene Opioide bilden einen neurobiologischen, durch die Motivationssysteme des Gehirns erzeugten Dreiklang. Dass Dopamin und Oxytozin den Menschen in Richtung Beziehung und Kooperation motivieren, wurde bereits dargestellt.

Doch welche Rolle spielen in diesem Zusammenhang die endogenen Opioide?

Sind sie lediglich unspezifische körpereigene Wohlfühl-, Schmerz- und Beruhigungsmittel, oder haben auch sie darüber hinausgehende, das zwischenmenschliche Beziehungsgeschehen betreffende Funktionen?

Wichtige Untersuchungen zu dieser Frage stammen von einer Arbeitsgruppe um den amerikanischen Neurobiologen Jon-Kar Zubieta an der University in Michigan. Diese Forschung ergab, dass der Körper versucht, sich mit Hilfe seiner körpereigenen Opioide gegen den Schmerz zu schützen. Im Laufe seiner Untersuchungen stellte sich heraus, dass auch menschliche Zuwendung nur mit dem Versprechen Hilfe zu leisten das körpereigene Opioidsystem aktiviert und die Beschwerden der Betroffenen subjektiv wahrnehmbar gebessert wurden.

Nun möchte ich nochmals unseren Papst Benedikt zitieren, aus Deus Caritas Est, aus dem zweiten Teil: „Caritas – Das Liebestun der Kirche als einer 'Gemeinschaft der Liebe'":

„Liebe – Caritas – wird immer nötig sein, auch in der gerechtesten Gesellschaft. Es gibt keine gerechte Staatsordnung, die den Dienst der Liebe überflüssig machen könnte. Wer die Liebe abschaffen will, ist dabei, den Menschen als Menschen abzuschaffen. Immer wird es Leid geben, das Tröstung und Hilfe braucht. Immer wird es Einsamkeit geben. Immer wird es auch die Situationen materieller Not geben, in denen Hilfe im Sinn gelebter Nächstenliebe nötig ist." (Enzyklika Deus Caritas Est, Punkt 28b)

An anderer Stelle schreibt er: *„Der Liebesdienst ist für die Kirche nicht eine Art Wohlfahrtsaktivität, die man auch anderen überlassen könnte, sondern er gehört zu ihrem Wesen, ist unverzichtbarer Wesensausdruck ihrer selbst."* (Enzyklika Deus Caritas Est, Punkt 25a)

Insofern möchte ich sagen, kann jeder Christ, ja soll es sogar, Arznei, Medikament für seinen Nächsten sein. Es gibt ein Buch mit dem Titel: „Der Arzt als Arznei". Auch der Arzt natürlich, aber jeder, jeder einzelne von Ihnen kann durch seine Liebe, durch

seine Zuwendung, Aufmerksamkeit, Zärtlichkeit, Hilfsbereitschaft, Empathie –
einfach durch seine Liebe Arznei für seine
Angehörigen, für seine Freunde, für seinen
Nächsten sein.

Was es ist

Es ist Unsinn
sagt die Vernunft
Es ist was es ist
sagt die Liebe

Es ist Unglück
sagt die Berechnung
Es ist nichts als Schmerz
sagt die Angst
Es ist aussichtslos
sagt die Einsicht
Es ist was es ist
sagt die Liebe

Es ist lächerlich
sagt der Stolz
Es ist leichtsinnig
sagt die Vorsicht
Es ist unmöglich
sagt die Erfahrung
Es ist was es ist
sagt die Liebe

(Erich Fried, aus: Es ist was es ist,
Wagenbach 1991)

Liebe – Die beste Arzney

Die Liebe zu einem geliebten Menschen ist wohl die beste Arznei. Diese Arznei kennen wir alle von den Zeiten her, da wir verliebt waren.

Erinnern Sie sich noch, als Sie einmal so richtig verliebt waren? Wir können dieses Gefühl immer wieder herholen. „Und der Himmel war voller Geigen ...“ Vielleicht sind Sie auch wie ich auf Wolken geschwebt, ich hatte tatsächlich das Gefühl nicht zu gehen, sondern zu schweben. Wie war doch die Welt schön, die Menschen schön, ja, selbst die widrigsten Lebensumstände und das lästigste Gezeter von anderen konnte uns nicht stören.

Rainer Maria Rilke hat es verdichtet in Worte gefasst:

Liebes-Lied

Wie soll ich meine Seele halten, daß
sie nicht an deine rührt? Wie soll ich sie
hinheben über dich zu andern Dingen?
Ach gerne möcht ich sie bei irgendwas
Verlorenem im Dunkel unterbringen
an einer fremden stillen Stelle, die
nicht weiterschwingt, wenn deine Tiefen
schwingen.
Doch alles, was uns anrührt, dich und
mich,
nimmt uns zusammen wie ein Bogenstrich,
der aus zwei Saiten *eine* Stimme zieht.
Auf welches Instrument sind wir gespannt?
Und welcher Geiger hat uns in der Hand?
O süßes Lied.

(Rainer Maria Rilke, aus: Neue Gedichte, 1907)

Wenn die menschliche Liebe schon so wunderbar und heilend ist, wie erst Gottes Liebe, oder sollte ich besser formulieren: die Liebe im Himmel.

Noch aber haben wir einen anderen Auftrag: Lukas 6/32: *„Wenn ihr nur die liebt, die euch lieben, welchen Dank erwartet ihr dafür?"*

Auch die Sünder lieben die, von denen sie geliebt werden.

Mutter Teresa hat es uns in unserer Zeit wohl am besten vorgelebt und sie schreibt: *„Es ist immer derselbe Christus, der sagt: Was auch immer du dem geringsten meiner Brüder tust, das tust du mir*
als ich klein war, lehrtest du mich lesen,
als ich einsam war, gabst du mir Liebe,
als ich auf dem Krankenbett lag, pflegtest du mich,
als ich nach Güte verlangte, hieltest du meine Hand
als ich ängstlich war, besänftigtest du all meine Furcht.
als ich müde war, halfst du mir Ruhe finden,

als ich alt war, schenktest du mir dein Lächeln,
als ich ruhelos war, hörtest du mich geduldig an.
als man mich auslachte, standest du mir zur Seite,
und als ich glücklich war, teiltest du meine Freude. "

Die Liste lässt sich je nach unserer Situation und unseren Möglichkeiten erweitern. Wichtig ist es hier und jetzt, dass Sie sich bewusst machen, welche Kraft Ihr Lächeln, Ihre Zuwendung, Ihr Zuhören und ihre Güte haben. Es kann Wunden verbinden, es kann auf eine seelische Wunde heilsam wirken.

„Es gibt keine andere Liebe als die Liebe. " (Josemaría Escrivá, Der Weg, Adamas 1962, Punkt 417)

Liebe ist Arznei, aber auch Vorbeugungsmittel, z. B. kann sie Verletzungen vorbeugen, Stress reduzieren, Hoffnung geben. So schreibt z.B. Josemaría Escrivá, der Gründer des Opus Dei: *„Wenn du deine Arbeit beendet hast, dann tu die deines Bruders, hilf ihm um Christi willen mit*

94

soviel Takt und Natürlichkeit, dass der, dem du hilfst, gar nicht bemerkt, dass du mehr tust, als du von Rechts wegen tun müsstest. Das ist wirklich das feine Verhalten eines Kindes Gottes. " (Josemaría Escrivá, Der Weg, Adamas 1962, Punkt 440)

„ Gestatte dir nicht, über jemand schlecht zu denken, auch wenn die Worte oder Taten des Betreffenden Anlass geben, vernünftigerweise so zu urteilen. " (a.a.O., Punkt 442)

Die Hirnforschung dazu belegt: Alle Gedanken hinterlassen Spuren, alles Gehörte und Gesehene hinterlässt Spuren.

„ Übe keine negative Kritik: wenn du nicht loben kannst, dann schweige.
Sprich niemals schlecht über deinen Bruder, auch wenn du Gründe genug dazu hast. — Geh zuerst zum Tabernakel, dann zum Priester, deinem Vater, und schütte ihm dein Herz aus. Und sonst niemandem.
Kritik üben, zerstören, ist nicht schwer: der letzte Maurergehilfe kann seine Spitzhacke in den schönbehauenen Stein eines Domes hineinschlagen.

Aufbauen: das ist eine Arbeit, die Meister erfordert." (a.a.O., Punkt 443)

„Was das Geheimnis der Beharrlichkeit sei? Die Liebe. – verliebe dich, und du wirst ihn nicht lassen." (a.a.O., Punkt 999)

Nächstenliebe

Viele Menschen haben mit der Liebe Probleme. Beziehungsprobleme bedeuten den größten Stress, berichten Stressforscher. Wir alle kennen den Liebeskummer. Sich nicht, oder nicht mehr geliebt fühlen ist schwer zu ertragen. „Die große Kränkung" heißt ein lesenswertes Buch von Elisabeth Müller-Luckmann mit dem Untertitel „Wenn Liebe ins Leere fällt".

Was also tun, wenn „Liebe ins Leere fällt"?

Der Psychoanalytiker Erich Fromm schreibt in „Die Kunst des Liebens": *„Die meisten Menschen sehen das Problem der Liebe in erster Linie als das Problem, selbst geliebt zu werden, statt lieben zu können.*"

Dass Liebe eine Kunst ist, also eine Fähigkeit, die wir entfalten können, ist vielen Menschen nicht bewusst. Da wird eher vom „Liebesobjekt" gesprochen, vor allem von Freud-Anhängern. Trotzdem sind für Erich Fromm die

GRUNDELEMENTE der LIEBE:
FÜRSORGE
VERANTWORUNG
ACHTUNG
ERKENNTNIS

Diese Fähigkeit zu lieben erlernt der Säugling bei einer guten Mutter-Kind-Beziehung selbstverständlich. Auch wird die Mutterliebe durch das Bindungshormon Oxytocin angeregt und verstärkt. Wenn Mutter und Kind unter starkem Stress stehen, z. B. durch einen gewalttätigen Partner oder wie es im Krieg war, Existenzangst, Hunger und Verzweiflung, kann es zu Störungen in der Liebesfähigkeit im späteren Leben kommen.

Wir sind aber so gebaut, dass wir im späteren Leben vieles und auch die Fähigkeit zu lieben nachholen können. Lange Zeit haben die Psychologen und Psychoanalytiker gemeint, das wäre nicht möglich, die neuesten Hirnforschungen belegen nun, dass unser Hirn immer lernfähig also auch liebesfähig ist, außer bei Hirnerkrankungen natürlich.

Die eingangs zitierten Liebesgedichte erinnerten manche vielleicht an die erste glückliche Liebe. Was war das doch für ein wunderbares, faszinierendes, jubelndes Gefühl! Ich sagte es bereits: Wenn die menschliche Liebe schon so wunderbar und heilend ist, wie erst die Gottesliebe!

Liebe ist zwar manchmal nur ein Wort, Mario Simmels Roman „Liebe ist nur ein Wort" werden manche von Ihnen wahrscheinlich kennen. Ich glaube, dass es viel, viel mehr ist, als nur ein Wort – ein Wort, das sehr viel umfasst. Zum Beispiel ist Liebe auch ein Wort, das für Sympathie gebraucht wird.

Auch Empathie, das sich Einfühlen können in den anderen hat mit Liebe, mit Freundesliebe, mit Agape zu tun. Das heißt für uns übersetzt, auch Sympathie kann ein Arzneimittel sein. Empathie ist in der Psychotherapie z. B. ein ganz wesentlicher Heilfaktor.

Der Neurobiologe Hüther schreibt, dass die Fähigkeit, Mitgefühl, Empathie zu empfinden, eine große und fein differenzierte Wahrnehmung und Verarbeitung der von anderen Menschen zum Ausdruck gebrachten Gefühle erfordert. Vor allem, wenn diese Gefühle nicht direkt angesprochen, sondern nonverbal, das heißt durch Gesten, Blicke, Gesichtsmuskeln ausgedrückt werden.

Es ist eine besondere Leistung unseres Gehirns, die nur von Menschen entwickelt wird, die die Bereitschaft mitbringen, sich in die Gefühlswelt anderer Menschen hineinzuversetzen. Auch bedarf es einer Sensibilität für den anderen. Aber eben diese Fähigkeit ist das, was ein menschliches Gehirn gegenüber anderen Lebewesen ausmacht. Je besser diese Fähigkeit entwickelt ist und je intensiver sie genutzt wird, desto mehr wird auch die Liebe wachsen können.

Je liebevoller wir mit anderen umgehen und uns in die innere Welt nicht nur eines, sondern vieler verschiedener anderer Menschen hineinfühlen, umso mehr wird unser Verständnis für andere wachsen.

Dabei sollen wir aber nicht vergessen, dass auch wir selbst eine innere Welt haben, die gepflegt und geachtet werden soll.

Im Kapitel „Glaube verbindet, Askese stärkt" zitiert die Journalistin Hermi Amberger im Abschnitt „Liebe als Lebenselixier" Dean Ornish, einen in Amerika berühmten Ernährungsberater, der sich auf Grund einer Lebenskrise mit einschlägiger Literatur zu gesunder Lebensweise beschäftigen begann. Er fand eine wahre Fülle von Studien über den Zusammenhang zwischen Nähe, menschlicher Wärme und Liebe auf der einen und Wohlbefinden, Gesundheit auf der anderen Seite. Eine Auswahl der von Ornish angeführten Ergebnisse: Eine Gruppe von Männern über 50 wurde gefragt, ob sie sich von ihrer Frau geliebt fühlten. Bei den Ungeliebten lag die Gefahr, in den folgenden fünf Jahren an Angina Pectoris (plötzlich auftretende sehr heftige Herzschmerzen, die manchmal Vorboten des Herzinfarkts sind) zu leiden, höher als bei den Geliebten. Leute, die einen Herzinfarkt überstanden hatten und alleine lebten, hatten ein doppelt so hohes Risiko, innerhalb eines Jahres zu sterben.

„'Es ist wie ein Lichtstrahl ins Dunkel, wenn Sie ihre dunkelsten Geheimnisse und Fehler mit jemandem teilen können, der ohne zu verurteilen zuhört', meint Dean Ornish und schreitet damit zur Ehrenrettung der Beichte. Neben der Beichte rehabilitiert

er auch tätige Nächstenliebe als gesund-
heitsförderlich." (Hermi Amberger, Wer glaubt,
lebt länger, Ueberreuter 2000, S. 8 ff)

Bei Aktionen der Nächstenliebe setzt nämlich das Gehirn sogenannte Glückshormone
(Serotonin, Melatonin) frei.

„Nicht nur andere, auch wir selbst sind
'Objekte' unserer Gefühle und Einstellun-
gen; dabei stehen unsere Einstellungen zu
anderen und die zu uns selbst keineswegs
miteinander im Widerspruch, sondern
hängen eng miteinander zusammen. ...
Liebe ist grundsätzlich unteilbar; man kann
die Liebe zu anderen Liebes-'Objekten'
nicht von der Liebe zum eigenen Selbst
trennen." (Erich Fromm, Die Kunst des Liebens,
Ullstein 1986, S. 71 f)

Alles, was wir denken und tun, hinterlässt
Spuren, auch in uns selbst. Im Buch von
Hermann-Josef Weidinger „Ich bin eine
Ringelblume" habe ich den Satz gelesen:
„Jeder lebt sein Leben. Kann aber abfärben.
Auf andere."

Lass niemals Gefühlskälte in dein Herz eindringen!

Bring den Frühling in dein Herz und lass
Gefühle für alle Menschen sprießen!

Liebe und Glaubenskraft

Nun, welche Heilmittel, die mit Liebe zu tun haben, gibt es denn noch?

Sehen wir uns die berühmte Stelle bei Paulus wieder einmal an, da gibt es jede Menge Heilmittel angeführt: 1 Korinther 12,31 - 13,30:

„... wenn ich alle Glaubenskraft besäße und Berge damit versetzen könnte, hätte aber die Liebe nicht, wäre ich nichts. "

Die Liebe ist langmütig
→   Langmut
Die Liebe ist gütig
→   Güte
sie ereifert sich nicht
→   ruhig bleiben
sie prahlt nicht
→   bescheiden bleiben
sie bläht sich nicht auf
→

Wenn diese Eigenschaften oder Haltungen mit Liebe verbunden sind, dann ist jede einzelne Geste bereits Arznei.

sie handelt nicht ungehörig
  → empathisch, einfühlsam
sucht nicht ihren Vorteil
  → gerecht sein
lässt sich nicht zum Zorn reizen
  → sanftmütig
trägt das Böse nicht nach
  → versöhnlich

Jede Haltung, jede Geste der Empathie,
der Einfühlsamkeit, des Sanftmutes und
der Versöhnungsbereitschaft ist Arznei.

sie freut sich nicht über das Unrecht
  → Mitleid
sondern sie freut sich an der Wahrheit
  → Wahrhaftigkeit
Sie erträgt alles
  → Tapferkeit
glaubt alles
  → Vertrauen
hofft alles
  → Hoffnung
hält allem stand
  → Standhalten, nicht gleich loslassen, wenn uns etwas nicht passt, ja unsere
unnötigen Sorgen, die dürfen wir getrost
loslassen, aber es gibt vieles, das wir

festhalten sollen, an guten Bindungen, an guten Freundschaften, an der Liebe aber vor allem sollen wir festhalten – und damit uns festhalten.

Eine Patientin hat mir einmal erzählt, sie war von einer angesehenen Persönlichkeit schwer enttäuscht worden, daran hatte sie monatelang gelitten, wobei ihr ein Gedicht von Alexander Schröder immer wieder in den Sinn kam:

Es mag sein, dass alles fällt, dass die Burgen dieser Welt um dich her in Trümmer fallen,
Halte du den Glauben fest, dass dich Gott nicht fallen lässt, er hält sein Versprechen.
Es mag sein, dass Trug und List eine Weile Meister ist, wie Gott will so ist`s geschehn,
Rechte nicht nach Mein und Dein, lass es Weile haben. ...

Für jetzt bleiben Glaube, Hoffnung, Liebe, diese drei; doch am größten unter ihnen ist die Liebe, heißt es zum Schluss von Vers 13, des 1 Korintherbriefes des Apostel Paulus.

All das sind Heilmittel, ist Arznei für eine verwundete Seele. Es hilft zwar nicht einen Knochen zu heilen, der gebrochen ist, – aber einigen Forschungsberichten zufolge helfen all diese Heilmittel auch, dass die Heilung selbst von Knochen oder nach Operationen schneller und ohne Komplikationen erfolgt.

Wissenschaftler bestätigen:

→ Wer glaubt, hat weniger Risiko zu erkranken: Die Frommen leiden weniger unter Bluthochdruck, sie heilen schneller nach Operationen, ihr Immunsystem ist stabiler.

→ Wer glaubt, ist optimistischer: Fromme Menschen klagen weniger über Depression und finden in ihrer Religion ein ganzes Arsenal an Bewältigungsstrategien für schwerste Prüfungen wie den Tod eines geliebten Menschen oder eine niederschmetternde Krankheitsdiagnose.

→ Wer glaubt, ist messbar entspannter: Die meditative Wirkung von Gebeten hilft, Stress abzubauen bzw. ihn auf ein erträgliches Maß zu reduzieren. Sie erlaubt

dem Menschen, aus dem Alltag herauszu-
treten, als ließe er ein überfülltes, hektisches
Kaufhaus hinter sich.

→ Wer glaubt, hat mehr Freunde:
Religiöse Gemeinschaften bieten ein ver-
lässliches soziales Netz. Es schützt vor
Einsamkeit, die erwiesenermaßen die Seele
krank machen kann, bietet vor allem älteren
Menschen eine Ersatzfamilie und stellt ein
menschliches Notaggregat an Unter-
stützung in Krisenfällen bereit.

→ Wer glaubt, lebt gesünder: Außer
ethisch-moralischen Geboten steckt in allen
Religionen ein ganzer Katalog zum ge-
sunden Leben.

(Nachzulesen im Buch der amerikanischen Journalistin Hermi Amberger: „Wer glaubt, lebt länger",
Ueberreuter 2000, S. 8 ff)

Wenn Nietzsche in seinem Gedicht „Dem
unbekannten Gott" schreibt, dass er in
seinem Inneren ihm „Altäre feierlich
geweiht" – und wie viel mehr können wir
unserem bekannten Gott einen Altar im
Inneren unserer Seele weihen, wo sich

unsere Liebesgeschichte mit Gott immer
wieder fortsetzt. Ja, Liebe ist das einzige,
das wächst, wenn wir sie verschenken!

Glaube „an etwas", als Kraftquelle in herausfordernden Zeiten

Die Frage, warum ich als schulmedizinisch ausgebildete Ärztin und Psychiaterin so sehr den christlichen Glauben in meiner Arbeit erwähne und sogar empfehle öfter in der Bibel zu lesen, um daraus Kraft und Halt für den täglichen Alltag, auch und vor allem in herausfordernden Zeiten zu schöpfen, ist eigentlich ganz einfach: Ich sehe den Glauben als große Kraftquelle in herausfordernden Zeiten.

Weil ich immer wieder erlebt habe, wie sehr der tiefe Glaube Menschen trägt, ihnen Hoffnung gibt und ihre innere Widerstandskraft stärkt.

In meiner beruflichen Praxis begegnete ich vielen Menschen, die an Depressionen, tiefliegenden Ängsten oder massiven Erschöpfungszuständen litten. Dabei hatten diese Patientinnen und Patienten oft schon vieles ausprobiert: Medikamente, Yoga, Entspannungsübungen, Achtsamkeits-übungen, bis hin zu Veränderungen im Alltag. Und doch bleibt bei manchen das Gefühl, dass etwas Wesentliches fehlt – eine tiefere Quelle der Hoffnung, die über die momentane Krise hinausweist.

Der Mensch braucht mehr als nur Behandlung – er braucht Sinn

Depression ist nicht nur ein chemisches Ungleichgewicht im Gehirn, nicht nur eine Verkettung ungünstiger Lebensumstände oder traumatischer Erfahrungen. Sie ist oft auch eine Krise der Seele, eine tief empfun-dene Sinnlosigkeit. In solchen Momenten stellt sich die Frage: „Was gibt mir Halt, wenn alles um mich herum wankt?"

Hier kann der Glaube eine entscheidende Rolle spielen. Er schenkt eine Perspektive, die über das Hier und Jetzt hinausgeht. Die Bibel ist voller Texte, die Menschen in Krisenzeiten gestärkt haben – seit Jahr-hunderten. Sie spricht von Hoffnung, von Liebe, von einem Gott, der uns auch in den dunkelsten Momenten nicht verlässt.

Es sind immer die Leidenszeiten, die den Menschen zurück zu Gott bringen. Auch dazu haben sich kluge Menschen schon lange Gedanken gemacht und diese auch zu Papier gebracht. Unter anderem auch der bereits in diesem Buch zitierte Kardinal Franz König, aus dessen Buch „Gedanken für ein erfülltes Leben" ich noch einmal zitieren darf:

„Von der Heilkraft des Leids

Wir können den Abgrund von Leid und Not des Menschen nicht ausleuchten, nicht begreifen.

Aber wir glauben daran, dass alles Leid zum Heil führen kann und soll, dass alles menschliche Leid in der Hand Gottes geborgen ist. Wirkliches Leid ist Dunkelheit, ist letzte Einsamkeit des Menschen mit seiner Not. In diesen Abgrund dringt kaum ein Wort hinunter, kaum ein Zuspruch, kaum ein Schimmer der Hoffnung. In diesem Abgrund der Not bleibt nur noch eines: der tiefe Glaube an Gott, dessen Hand auch aus Abgründen erretten kann. Wann kommen Menschen heute zum Nachdenken, zur wirklichen Vergeistigung? Oft genug ist es erst die Not, die zum Denken führt. Erst das Leid und die Not haben im Menschen die Abgründe aufgerissen, die tiefen Wurzeln bloßgelegt. Jetzt kann er gar nicht anders, als 'gründlich' nachzudenken, um seine Not zu bewältigen. Erst jetzt gehen ihm die Augen auf über manches, was er vorher nicht erkannt hat. Erst jetzt bemerkt er, dass das bisherige Leben nicht das eigentliche Leben war.

Die Rose, ein Symbol der Schönheit, trägt ihre Dornen als Zeugnis des Lebens. Denn ebenso wie im Leben, wächst die wahre Schönheit oft aus dem Leid heraus.

Vom Sinn des Lebens

Erst jetzt schreit in ihm alles nach dem eigentlichen Leben, das man ihm nicht mehr wegnehmen, nicht mehr rauben kann. Erst jetzt beginnt der Mensch nach dem Eigentlichen zu rufen. Erst jetzt erscheint ihm vieles aus dem früheren Leben oberflächlich, banal, unwichtig. Erst jetzt erkennt der Mensch das unbedingt Wichtige, das unbedingt Wertvolle, das Unbedingte, Gott. Millionen sind erst in ihrer wirklichen Not zum tiefen Denken, zur wirklichen Erkenntnis und zum echten Glauben gekommen. In diesen Zeiten der Reinigung und Dunkelheit kamen sie zur letzten und tiefsten Überzeugung, dass all unser Wirken und Können nicht aus eigenem Geist und aus eigener Kraft, sondern von Gott stammen. Das ist kein Schwächezeichen, sondern entspricht dem geistigen Reifeprozess des Menschen. Die Not ist ihm zum Heil geworden. Der Weg der Vergeistigung des Menschen ist unlösbar mit dem Kreuz verbunden, ist Kreuzweg."

(Kardinal Franz König, Gedanken für ein erfülltes Leben, Styria 2004)

Menschliches Leid ist allgegenwärtig. Der Glaube macht das Leid erträglicher und hilft uns, die allerdunkelsten Stunden zu überstehen. Der Glaube ist eine echte Ressource, die wir für unser Überleben nutzen können.

Der Glaube als psychologische Ressource

Aus wissenschaftlicher Sicht wissen wir längst, dass Spiritualität und Religiosität eine nachweislich positive Wirkung auf die psychische Gesundheit haben können. Studien zeigen, dass gläubige Menschen oft eine höhere Resilienz gegenüber Stress aufweisen, seltener an schweren Depressionen erkranken und mit schwierigen Lebensereignissen besser umgehen können.

Das bedeutet nicht, dass der Glaube eine Therapie oder Medikamente ersetzt – aber er kann eine wertvolle Ergänzung sein. Er bietet einen inneren Halt, eine tiefe Verankerung, die viele Menschen gerade in Krisenzeiten brauchen.

Ein praktischer Ansatz: Übungen zur Stärkung von Geist und Seele

Mein Ziel ist es, nicht nur theoretisch darüber zu schreiben, sondern konkrete Übungen zur Selbsthilfe anzubieten. Übungen, die helfen, Hoffnung zu finden, innere

Ruhe zu stärken und im Glauben eine Kraftquelle für den Alltag zu entdecken.

Ein Beispiel dafür sind kleine Rituale die helfen können, den Tag mit einer anderen inneren Haltung zu beginnen. Oder, wie es eben in ihren Tagesablauf passt – auch den Tag ruhig und entspannt zu beenden. Sogar mitten am Tag sind kleine Fluchten möglich, um seine Gedanken zu sammeln, sich mental zu stärken oder in negativen Situationen, auch sich zu trösten und sich durch gute Worte und Gedanken Mut zu machen. Hier darf ich auch ein weiteres Buch aus meiner Buchreihe empfehlen: **Heilende Gedanken – Komm aus der gedanklichen Finsternis ins Licht**", das ich ganz spezifisch dafür verfasst habe. Es ist bei Amazon und im Buchhandel erhältlich.

Ich nenne solche Rituale:

Tägliche Ruhe-Minute mit einem Bibelvers

1. **Einen Vers auswählen,**
   zum Beispiel aus den Psalmen („der
   Herr ist mein Licht und mein Heil; vor
   wem sollte ich mich fürchten?" Psalm
   27,1).

2. **Sich einen ruhigen Moment nehmen**,
   tief durchatmen und den Vers langsam
   lesen.

3. **Den Vers auf sich wirken lassen** und
   sich fragen: Was bedeutet er für mich in
   meiner aktuellen Situation?

4. **Ein Gebet** oder eine persönliche Reflexion anschließen: Welche Hoffnung gibt mir dieser Vers?

Abschließende Gedanken zu diesem Kapitel

Ich erwähne und empfehle den Glauben nicht aus dogmatischen Gründen, sondern weil ich überzeugt bin, dass er Menschen helfen kann. Weil ich sehe, wie Patientinnen und Patienten, die sich darauf einlassen, eine neue Hoffnung schöpfen – oft sogar dann, wenn sie selbst nicht mehr daran geglaubt haben, dass es für sie einen Weg aus der Dunkelheit gibt.

Es ist mein Wunsch, dass dieses Buch nicht nur Informationen vermittelt, sondern auch Hoffnung spendet – und vielleicht für manche den ersten Schritt hin zu einer neuen, stärkenden Perspektive ermöglicht.

Gleiches gilt für das nächste Kapitel, das einige weitere Abschnitte aus den Verlautbarungen des Apostolischen Stuhls Nr. 242 vom 24. Oktober 2024 enthält, die sich der

Enzyklika „Dilexit nos" von Papst Franziskus über die menschliche und göttliche Liebe des Herzens widmen.

In einer Welt, die oft von Hektik und Unsicherheit geprägt ist, suchen viele Menschen nach einem tieferen Verständnis von Liebe und Spiritualität. Die Enzyklika „Dilexit nos" von Papst Franziskus bietet hier – wie ich finde – eine kraftvolle Reflexion über die menschliche und göttliche Liebe des Herzens Jesu Christi. Diese Enzyklika in der Publikation des Apostolischen Stuhls lädt uns ein, die Liebe Christi in all ihren Facetten zu betrachten und zu verstehen.

Papst Franziskus betont in seinem Lehrschreiben, dass das Herz Jesu nicht nur ein Symbol für die Liebe ist, sondern auch das körperliche, seelische und geistige Zentrum des Menschen verkörpert. Es ist der Ort der Aufrichtigkeit und der Gottesbegegnung, wo alle Kräfte, Überzeugungen, Leidenschaften und Entscheidungen zusammenkommen. In einer schnelllebigen Welt wirbt der Papst dafür, bewusst wieder vom Herzen zu sprechen und mit dem Herzen zu sehen, da wir eine Wirklichkeit besser und vollständiger erkennen, wenn wir sie mit dem Herzen erfassen.

Die Enzyklika „Dilexit nos" führt uns durch verschiedene Quellen und Traditionen der Herz-Jesu-Spiritualität und zeigt auf, wie menschlich-irdische und göttliche Liebe im Herzen Christi eins werden und den christlichen Glauben prägen. Diese Prägung hat tiefgreifende Auswirkungen auf das Leben und die Sendung der Kirche, indem sie die Liebe Gottes zu den Menschen verdeutlicht, die in Christus mitten unter uns erschienen ist.

Enzyklika Dilexit nos: Über die menschliche und göttliche Liebe des Herzens (von Papst Franziskus)

„'Er hat uns geliebt', sagt Paulus über Christus (vgl. Röm 8,37), um uns erkennen zu lassen, dass uns nichts von dieser Liebe 'scheiden kann' (vgl. Röm 8,39). Paulus sagte dies mit Überzeugung, denn Christus selbst hatte seinen Jüngern versichert: 'Ich habe euch geliebt' (vgl. Joh 15,9.12). Er hat uns auch gesagt: 'Ich nenne euch Freunde' (vgl. Joh 15,15). Sein offenes Herz kommt uns zuvor und wartet bedingungslos auf uns, ohne Vorleistungen zu erwarten, um uns lieben und uns seine Freundschaft anbieten zu können: Er hat uns zuerst geliebt (vgl. 1 Joh 4,10). Dank Jesus 'haben wir die Liebe, die Gott zu uns hat, erkannt und gläubig angenommen'.

'Mehr als alles hüte dein Herz; denn von ihm geht das Leben aus. Vermeide alle Falschheit des Mundes' (Spr 4,23-24). Der bloße Schein, Verstellung und Täuschung schaden dem Herz und verderben es. Jenseits der vielen Versuche, etwas zu zeigen oder auszudrücken, was wir nicht sind, ist das Herz das alles Entscheidende: dort zählt nicht, was man nach außen hin zeigt oder was man verbirgt, dort sind wir wir selbst. Und das ist die Grundlage eines jeden tragfähigen Plans für unser Leben, denn ohne das Herz kann nichts von Wert aufgebaut werden. Äußerlichkeiten und Lügen bieten nur Leere.

Rückkehr zum Herzen

In dieser flüssigen Welt ist es notwendig, wieder vom Herzen zu sprechen, als dem Ort, wo in jedem Menschen, gleich welcher Herkunft und Lebensbedingung, alles zusammenkommt, wo all die anderen Kräfte, Überzeugungen, Leidenschaften und Entscheidungen der konkreten Menschen entspringen und verwurzelt sind. Aber wir bewegen uns in Gesellschaft von Serienkonsumenten, die in den Tag hineinleben und von den Rhythmen und dem Lärm der Technologie beherrscht werden, ohne viel Geduld für die Prozesse, die die Innerlichkeit erfordert. In der heutigen Gesellschaft

125

läuft der Mensch 'Gefahr, den Mittelpunkt, seine eigene Mitte zu verlieren'. 'Der Mensch von heute ist oft zerstreut, gespalten, fast ohne ein inneres Prinzip, das in seinem Denken und Handeln Einheit und Harmonie schafft.

Wenn man das Herz abwertet, verliert auch das Mit-dem-Herzen-Sprechen, das Mit-dem-Herzen-Handeln, das Reifen und Heilen im Herzen an Bedeutung. Wenn das Spezifische des Herzens nicht anerkannt wird, gehen uns die Antworten verloren, die der Verstand allein nicht geben kann, verlieren wir die Begegnung mit den Anderen, verlieren wir die Poesie. Und wir verlieren die Geschichte und unsere Geschichten, denn das wahre persönliche Abenteuer nimmt im Herzen seinen Ausgang. Am Ende des Lebens wird nur das von Bedeutung sein.

Denn das Herz ist's, was Nähe schafft.

Durch das Herz bin ich beim anderen und ist jener bei mir. Nur das Herz kann einlassen, Heimat geben. Innigkeit ist Akt und Sphäre des Herzens. Stawrogin aber ist fern. [...] Ja weit weg auch von sich selbst. Auch sich selbst inne ist der Mensch im Herzen, nicht im Geiste.

Wir müssen alle Handlungen unter die 'politische Herrschaft' des Herzens stellen; Aggressivität und zwanghafte Begierden müssen durch das höhere Gut, das das Herz ihnen bietet, und durch die Kraft, die es gegen das Böse besitzt, gemildert werden. Auch Intelligenz und Wille müssen sich in seinen Dienst stellen.

... unsere Gedanken und unsere Willensentscheidungen sind viel mehr 'Standard', als wir gedacht hätten. Sie sind leicht

vorhersehbar und manipulierbar. Nicht so das Herz.

Wenn das 'Herz' uns zur innersten Mitte unserer Person führt, ermöglicht es uns auch, uns in unserer Gesamtheit zu erkennen und nicht nur unter einem einzelnen Aspekt.

Andererseits hilft uns diese einzigartige Kraft des Herzens zu verstehen, warum es heißt, dass wir eine Wirklichkeit besser und vollständiger erkennen, wenn wir sie mit dem Herzen erfassen. Dies führt uns unweigerlich zur Liebe, zu der das Herz fähig ist, da 'das Innerste der Wirklichkeit Liebe ist'.

Das 'Herz' hört nichtmetaphorisch die 'lautlose Stimme' des Seins, indem es sich davon stimmen und bestimmen lässt.

Gleichzeitig ermöglicht das Herz jede echte Bindung, denn eine Beziehung, die nicht mit dem Herzen gestaltet wird, ist nicht in der Lage, die Fragmentierung des Individualismus zu überwinden.

128

Das ist es, was das Evangelium zum Ausdruck bringt, wenn es von dem Blick Marias spricht, die mit dem Herzen sah.

Im Evangelium kommt das, was ein Herz denkt, am besten in den beiden Stellen des Lukasevangeliums zum Ausdruck, wo es heißt: 'Maria aber bewahrte (syneterei) alle diese Worte und erwog sie (symballousa) in ihrem Herzen' (Lk 2,19; vgl. 2,51).

Der hl. John Henry Newman den Satz 'Cor ad cor loquitur' zu seinem Leitspruch, denn jenseits aller Dialektik rettet uns der Herr, indem er aus seinem Heiligsten Herzen zu unserem Herzen spricht. Dieselbe Logik bedeutete für ihn, einen großen Denker, dass der Ort der tiefsten Begegnung mit sich selbst und mit dem Herrn nicht die Lektüre oder das Nachdenken war, sondern die Zwiesprache im Gebet, von Herz zu Herz, mit dem lebendigen und gegenwärtigen Christus. Deshalb fand Newman in der Eucharistie das lebendige Herz Jesu, das fähig ist, zu befreien, jedem Augenblick einen Sinn zu geben und den Menschen mit wahrem Frieden zu erfüllen: 'O hochheiliges und gütigstes Herz Jesu, Du bist

130

verborgen in der heiligen Eucharistie und schlägst noch immer für uns. [...]

Das Haus Gottes ist das Haus der Herzen!

Vom Herzen her kann sich die Welt verändern

Nur vom Herzen her werden unsere Gemeinschaften in der Lage sein, die verschiedenen Einsichten und Willen zu vereinen und zu befrieden, auf dass der Geist uns als ein Netz von Brüdern und Schwestern leiten kann, denn auch die Befriedung ist eine Aufgabe des Herzens. Das Herz Christi ist Ekstase, ist Hinausgehen, Geschenk und Begegnung. In ihm werden wir fähig, auf gesunde und glückliche Weise miteinander in Beziehung zu treten und in dieser Welt das Reich der Liebe und der Gerechtigkeit aufzubauen. Wenn unser Herz mit dem Herzen Christi vereint ist, ist es zu diesem sozialen Wunder fähig.

Das Herz ernst zu nehmen, hat soziale Konsequenzen. Wie das Zweite Vatikanische Konzil lehrt, müssen wir alle 'uns wandeln in unserer Gesinnung und müssen die ganze Welt und jene Aufgaben in den Blick bekommen, die wir alle zusammen zum Fortschritt der Menschheit auf uns nehmen können'.

'In diese Tiefe geht er zurück, wenn er in sein Herz einkehrt, wo Gott ihn erwartet, der die Herzen durchforscht (vgl. 1 Sam 16,7; Jer 17,10), und wo er selbst unter den Augen Gottes über sein eigenes Geschick entscheidet.'

Wir brauchen die Hilfe der göttlichen Liebe. Gehen wir zum Herzen Christi, dem Zentrum seines Seins, das ein Brennofen der göttlichen und menschlichen Liebe ist und *die größte Fülle darstellt, die ein Mensch erlangen kann. Dort, in jenem Herzen, erkennen wir endlich uns selbst und lernen wir zu lieben.*

Schließlich ist dieses Heiligste Herz das einigende Prinzip der Wirklichkeit, denn 'Christus ist das Herz der Welt; sein Pascha des Todes und der Auferstehung ist die Mitte der Geschichte, die dank Ihm Heilsgeschichte ist'.

Alle Geschöpfe 'gehen mit uns und durch uns voran auf das gemeinsame Ziel zu, das Gott ist, in einer transzendenten Fülle, wo der auferstandene Christus alles umgreift und erleuchtet'.

Vor dem Herzen Christi bitte ich den Herrn, noch einmal Erbarmen zu haben mit dieser verwundeten Erde, die er als einer von uns bewohnen wollte. Möge er die Schätze seines Lichts und seiner Liebe ausschütten, damit unsere Welt, die inmitten von Kriegen, sozioökonomischen Ungleichgewichten, Konsumismus und dem menschenfeindlichen Einsatz von Technologie überlebt,

das Wichtigste und Nötigste wiederfindet:
das Herz.

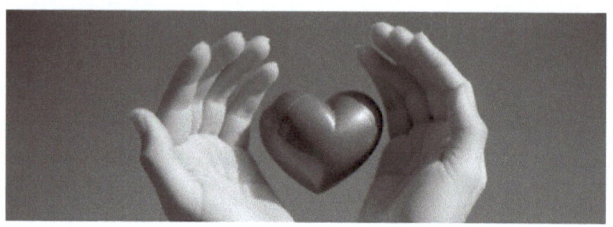

Christus zeigt, dass Gott
Nähe, Mitgefühl und Zärtlichkeit ist.

*Wenn er jemanden heilte, zog er es vor, sich
zu nähern: Er 'streckte die Hand aus,
berührte ihn' (Mt 8,3), 'berührte [...] ihre
Hand' (Mt 8,15), 'berührte [...] ihre Augen'
(Mt 9,29). Und er heilte Kranke sogar mit
seinem Speichel (vgl. Mk 7,33), wie eine
Mutter, damit sie ihn nicht für einen
Fremden in ihrem Leben hielten. Denn 'der
Herr beherrscht die schöne Wissenschaft
der Liebkosung. Die Zärtlichkeit Gottes
liebt uns nicht mit Worten; er kommt zu uns,
und indem er uns nahe ist, schenkt er uns
seine Liebe mit der ganzen möglichen
Zärtlichkeit'.*

Da es uns schwer fällt, zu vertrauen, weil wir durch so viel Verlogenheit, Aggression und Enttäuschung verwundet worden sind, flüstert er uns ins Ohr: 'Hab Vertrauen, mein Sohn' (Mt 9,2), 'Hab keine Angst, meine Tochter' (Mt 9,22). Es geht darum, die Angst zu überwinden und uns bewusst zu werden, dass wir mit ihm nichts zu verlieren haben. Zu Petrus, der kein Vertrauen hatte, streckte 'Jesus [...] sofort die Hand aus, ergriff ihn und sagte zu ihm: Du Kleingläubiger, warum hast du gezweifelt?' (Mt 14,31). Fürchte dich nicht. Lass ihn nah zu dir kommen, lass ihn neben dir sitzen. Wir können an vielen Menschen zweifeln, aber nicht an ihm. Und bleib nicht wegen deiner Sünden stehen. Denk daran, viele Sünder 'aßen zusammen mit ihm' (Mt 9,10) und Jesus nahm an keinem von ihnen Anstoß. Die Eliten der Glaubensgemeinschaft beschwerten sich und behandelten ihn wie 'ein[en] Fresser und Säufer, ein[en] Freund der Zöllner und Sünder' (Mt 11,19). Als die Pharisäer seine Nähe zu den Menschen kritisierten, die als niedrig oder sündig galten, sagte Jesus zu ihnen: 'Barmherzigkeit will ich, nicht Opfer' (Mt 9,13).

 *Derselbe Jesus wartet heute darauf, dass du ihm die Gelegenheit gibst, dein Leben zu erhellen, dich aufzurichten, dich mit seiner Kraft zu erfüllen. Bevor er starb, sagte er nämlich zu seinen Jüngern: 'Ich werde euch nicht als Waisen zurücklassen, ich komme zu euch. Nur noch kurze Zeit und die Welt sieht mich nicht mehr; ihr aber seht mich' (Joh 14,18-19). Er findet immer einen Weg, sich in deinem Leben zu zeigen, damit du ihm begegnen kannst.*

Wenn wir den Eindruck haben, dass uns alle ignorieren, dass sich niemand dafür interessiert, was uns geschieht, dass wir für niemanden wichtig sind, dann achtet er auf uns.

Wie schön ist es zu wissen, dass Jesus die guten Absichten und die guten Dinge, die wir tun können, nicht entgehen und er sie sogar bewundert, auch wenn andere sie ignorieren.

Die Worte, die Jesus sprach, zeigten, dass seine Heiligkeit die Gefühle nicht auslöschte. Bei einigen Gelegenheiten zeigten sie eine leidenschaftliche Liebe, die mit uns leidet, gerührt ist, klagt und sogar weint. Es ist offensichtlich, dass ihm die gewöhnlichen Sorgen und Ängste der Menschen, wie Müdigkeit oder Hunger, nicht gleichgültig waren: 'Ich habe Mitleid mit diesen Menschen; sie [...] haben nichts mehr zu essen. [...] Sie [werden] auf dem Weg zusammenbrechen; denn einige von ihnen sind von weit her gekommen' (Mk 8,2-3).

Das Evangelium verbirgt nicht die Gefühle Jesu gegenüber Jerusalem, der geliebten Stadt: 'Als er näher kam und die Stadt sah, weinte er über sie' (Lk 19,41) und äußerte seinen größten Wunsch: 'Wenn doch auch du an diesem Tag erkannt hättest, was Frieden bringt' (19,42). Auch wenn die Evangelisten ihn manchmal in seiner Kraft und Herrlichkeit darstellen, unterlassen sie es nicht, seine Gefühle im Angesicht des

Todes und des Schmerzes seiner Freunde zu zeigen.

Es geht jedoch um etwas äußerst Ernstes und Entscheidendes, das seinen höchsten Ausdruck in dem an ein Kreuz genagelten Christus findet. Dies ist das vielsagendste Wort der Liebe. Es ist keine leere Hülle, es ist kein reines Gefühl, es ist keine spirituelle Flucht. Es ist Liebe. Deshalb sagte der hl. Paulus, als er nach den richtigen Worten suchte, um seine Beziehung zu Christus zu erklären: Er hat 'mich geliebt und sich für mich hingegeben' (Gal 2,20). Dies war seine tiefste Überzeugung: das Wissen, geliebt zu sein. Die Hingabe Christi am Kreuz erniedrigte ihn, aber sie hatte doch einen Sinn, weil es etwas gab, das noch größer war als diese Hingabe: 'Er hat mich geliebt'.

Dies ist das Herz, das so sehr geliebt hat

Die Verehrung des Herzens Christi ist nicht ein von der Person Jesu losgelöster Kult um ein Organ. Das, was wir betrachten und anbeten, ist der ganze Jesus Christus, der Mensch gewordene Sohn Gottes, dargestellt in einem Bild, das sein Herz besonders betont. In diesem Fall wird das fleischliche Herz als Bild oder bevorzugtes Zeichen der innersten Mitte des menschgewordenen Sohnes und seiner sowohl göttlichen als auch menschlichen Liebe betrachtet, weil es mehr als jedes andere Organ seines Leibes 'ein natürliches Zeichen oder Sinnbild seiner unermesslichen Liebe' ist.

Spürbare Liebe

Liebe und Herz sind nicht notwendigerweise eins, denn in einem menschlichen Herzen können Hass, Gleichgültigkeit und Egoismus herrschen. Aber wir erreichen nicht unser volles Menschsein, wenn wir nicht aus uns heraustreten, und wir werden nicht ganz wir selbst, wenn wir nicht lieben. Die innere Mitte unserer Person, die für die Liebe geschaffen wurde, verwirklicht den

Plan Gottes also nur, wenn sie liebt. So steht das Symbol des Herzens gleichzeitig auch für die Liebe.

Der ewige Sohn Gottes, der mich grenzenlos übersteigt, wollte mich auch mit einem menschlichen Herzen lieben. Seine menschlichen Gefühle werden Sakrament einer unendlichen und endgültigen Liebe. Sein Herz ist also nicht ein physisches Symbol, das nur eine geistige oder von der Materie getrennte Wirklichkeit ausdrückt. Der auf das Herz des Herrn gerichtete Blick betrachtet eine physische Realität, sein menschliches Fleisch, welches ermöglicht, dass Christus menschliche Emotionen und Gefühle hat wie wir, wenn auch völlig verwandelt von seiner göttlichen Liebe.

Wenn auch heute noch das Herz im Volksempfinden als die affektive Mitte eines jeden Menschen wahrgenommen wird, so ist es das, was am besten die göttliche Liebe Christi bezeichnen kann, die für immer und untrennbar mit seiner ganz und gar menschlichen Liebe vereint ist.

Der hl. Johannes Chrysostomus nennt ein Beispiel: 'Wenn er nämlich nicht unsere Natur gehabt hätte, wäre er nicht wieder und wieder von Trauer erfasst worden.' Der hl. Ambrosius sagt: 'Weil er die Seele übernahm, hat er auch die Empfindungen der Seele auf sich genommen.'

Und der hl. Augustinus stellt die menschlichen Leidenschaften als eine Gegebenheit dar, die, nachdem Christus sie auf sich genommen hat, dem Leben der Gnade nicht mehr fremd ist: 'Diese Regungen der menschlichen Schwachheit, wie auch das Fleisch der menschlichen Schwachheit und den Tod des menschlichen Fleisches hat Jesus, der Herr, auf sich genommen, nicht aus der Not seiner Lage, sondern aus dem Willen seiner Erbarmung, um in sich zu verwandeln seinen Leib, der die Kirche ist und für den das Haupt zu sein er sich würdigte, das heißt, seine Glieder in seinen Heiligen und Gläubigen; damit, wenn einer von ihnen inmitten menschlicher Versuchungen betrübt wäre und litte, er nicht deshalb seiner Gnade fern zu sein glauben sollte.'

Schließlich ist der hl. Johannes von Damaskus der Auffassung, dass diese reale Erfahrung der Gemütsregungen Christi in seiner Menschheit der Beweis dafür ist, dass er unsere Natur ganz und nicht nur teilweise angenommen hat, um sie zu erlösen und als Ganze zu verwandeln. Christus hat also alle Elemente, die die menschliche Natur ausmachen, angenommen, damit sie alle geheiligt werden.

Der Mensch des Jahres 2000 braucht das Herz Christi, um Gott zu erkennen und sich selbst zu erkennen; er bedarf seiner, um die Zivilisation der Liebe aufzubauen.

Verschiedene heilige Frauen haben von ihren Erfahrungen der Christusbegegnung berichtet, die gekennzeichnet waren von einem Ruhen im Herzen des Herrn, der Quelle des Lebens und des inneren Friedens. Dies gilt unter anderem für die hl. Lutgard, die hl. Mechthild von Hackeborn, die hl. Angela von Foligno und Juliana von Norwich. Die hl. Gertrud von Helfta, eine Zisterzienserin, berichtete von einem Moment des Gebets, in welchem sie ihren Kopf auf das Herz Christi legte und seinem Schlagen lauschte. In einem Zwiegespräch mit dem Evangelisten Johannes fragte sie ihn, warum er in seinem Evangelium nicht über das gesprochen habe, was er empfand, als er dieselbe Erfahrung gemacht hatte. Gertrud kommt zu dem Schluss: 'Das beglückende Reden über die Schläge dieses Herzens bleibt jedoch der gegenwärtigen Zeit vorbehalten. Wenn die alternde und in der Gottesliebe erlahmte Welt davon hört, soll sie sich neu erwärmen.' Könnten wir es *vielleicht für eine Ankündigung an unsere Zeit halten, für einen Aufruf, zu erkennen, wie 'alt' diese Welt geworden ist und wie bedürftig sie ist, die immer neue Botschaft der Liebe Christi zu vernehmen?*

Der hl. Vinzenz von Paul sagte, dass das, was Gott will, das Herz ist: 'Gott verlangt vor allem das Herz, das Herz, und das ist die Hauptsache. Woher kommt es, dass jemand, der nichts hat, mehr Verdienste haben kann, als jemand, der große Besitztümer hat, auf die er verzichtet? Weil derjenige, der nichts hat, mit mehr Zuneigung an die Sache herangeht; und das ist

es, was Gott besonders will.' Das bedeutet, zu akzeptieren, dass sich das eigene Herz mit dem Herzen Christi vereint: 'Eine Schwester, die alles tut, was sie tun kann, um ihr Herz in den Zustand zu versetzen, mit dem Herzen unseres Herrn vereint zu sein [...], welch ein Segen!

Die Liebe des Herzens Jesu zu den Menschen, jene Liebe, die er in seiner Passion bewiesen hat, ist die Liebe, die wir für alle Menschen haben müssten.'

In einem Gedicht hat die heilige Theresia von Lisieux den Sinn ihrer Frömmigkeit zum Ausdruck gebracht, die mehr in Freundschaft und Vertrauen bestand als im Sich-Verlassen auf die eigenen Opfer:

'Ich brauche ihn so, sein Herz kann so zart sein. Denn Er gibt mir Halt und zieht's nicht zurück, liebt alles in mir, selbst meine Schwachheit, und bleibt stets bei mir, bei Tag und bei Nacht. [...]
Er muss mir ein Gott sein. Nimmst meine Natur Du, wirst Du mir zum Bruder und lernst noch den Schmerz? [...]

Ach, halt ich an mir, will selbst mir gerecht sein, so ist das ein Nichts, ist Haschen nach Wind. [...] Mich reinige einst die Glut Deiner Liebe, Du Herz meines Gottes, Du meine Wahl!'

Der vielleicht wichtigste Text, um die Bedeutung ihrer Hingabe an das Herz Christi zu verstehen, ist der Brief, den die heilige Theresia von Lisieux drei Monate vor ihrem Tod an ihren Freund Maurice Bellière schrieb: 'Wenn ich Magdalena betrachte, wie sie in Gegenwart der zahlreichen Geladenen vorgeht, um die Füße ihres angebeteten Meisters, den sie zum ersten Mal berührt, mit ihren Tränen zu netzen; ich fühle, dass ihr Herz die Abgründe der Liebe und des Erbarmens des Herzens Jesu begriffen hat und dass dieses Herz der Liebe nicht nur bereit ist, ihr, der Sünderin, zu vergeben, sondern auch ihr die Wohltat seiner göttlichen Nähe zu erweisen, sie zu den höchsten Gipfeln der Kontemplation zu erheben.

Das ist auch deine Aufgabe. Jeder erfüllt sie auf seine Weise, und du wirst erkennen, wie du Missionar bzw. Missionarin sein kannst. Jesus verdient es. Wenn du dazu den Mut hast, wird er dich erleuchten. Er wird dich begleiten und stärken, und du wirst eine wertvolle Erfahrung machen, die dir sehr guttun wird. Es ist nicht wichtig, ob du Ergebnisse sehen kannst, überlasse das dem Herrn, der im Verborgenen der Herzen wirkt, aber höre nicht auf, dich bei dem Versuch, anderen die Liebe Christi zu vermitteln, zu freuen.

Ja die Aussagen dieses Dokumentes lassen uns entdecken, dass das was in den sozial Enzykliken Laudatio si und fratelli tutti geschrieben steht, unserer Begegnung mit der Liebe Jesu Christi nicht fremd ist. Denn wenn wir aus der Liebe schröpfen werden wir fähig geschwisterliche Bande zu knüpfen, die Würde jedes Menschen anzuerkennen und zusammen für unser gemeinsames Haus Sorge zu tragen. Heute ist alles käuflich und bezahlbar und es scheint, das Sinn und Würde von Dingen abhängen, die man durch die Macht des Geldes erwirbt. Wir werden getrieben nur anzuhäufen zu konsumieren und uns abzulenken. Gefangen in einem entwürdigenden System, das uns nicht erlaubt über unsere unmittelbaren und armseligen Bedürfnisse hinwegzusehen.

Die Liebe Christi steht außerhalb dieses abartigen Räderwerks, und er allein kann uns von diesem Fieber befreien, in dem es keinen Platz mehr für eine bedingungslose Liebe gibt. Er ist in der Lage, dieser Erde ein Herz zu verleihen und die Liebe neu zu beleben, wo wir meinen, die Fähigkeit zu lieben sei für immer tot."

Nur seine Liebe wird eine neue Menschheit ermöglichen.

Das waren einige wichtige Texte über die Liebe, das Leben und den Glauben aus der Enzyklika „Dilexit nos" von Papst Franziskus über die menschliche und göttliche Liebe des Herzens.

Für mich ist Franziskus in seinen Worten, Schriften und Taten wahrlich ein sehr menschlicher und empathischer Papst!

Gerade in Zeiten steigender weltweiter Konflikte sollten wir unser Menschsein und vor allem unser aller „Menschlich sein" überdenken und intensivieren!

Übung:
Meine Liebesgeschichte
mit GOTT

Diese Übung soll Ihnen ermöglichen, sich und Ihre Beziehung zu Gott und dem Göttlichen in Ihnen besser zu ergründen.

Blicken Sie tief in Ihr Herz und stellen Sie sich folgende Fragen:

✦ Wann habe ich GOTT kennengelernt?
✦ Wie habe ich IHN kennengelernt?
✦ Was hat das für Gefühle in mir ausgelöst?
✦ Was hat mir am besten an GOTT gefallen? Ist es noch immer dasselbe oder sind inzwischen noch mehr Erlebnisse oder Geschehnisse dazu gekommen?
✦ Welche Beziehung habe ich jetzt zu GOTT? Möchte ich eine bessere haben, IHN besser verstehen, IHN mehr lieben, mit IHM öfter sprechen?
✦ Sehe ich in GOTT meinen Vater, meinen guten Vater, oder übertrage ich mein persönliches Vaterbild auf GOTT?
✦ Wie ist meine Beziehung zu Christus? Liebt hier vielleicht der Schwerpunkt meiner Liebesgeschichte?

Notieren Sie sich Ihre Antworten auf den folgenden Seiten, oder legen Sie ein eigenes Heft an, um Ihre eigene Liebesgeschichte zu formulieren!

....

....

....

....

....

....

....

....

....

....

....

....

....

Viellicht kennen Sie die „Liebesbriefe von Gott". Schreiben auch Sie einen Liebesbrief an GOTT.

....

....

....

....

....

....

....

....

....

....

....

Und schreiben Sie eine Antwort: Was möchte GOTT Ihnen wohl schreiben?

....

....

....

....

....

....

....

....

....

....

....

Wertvolle Gedanken über die Liebe von berühmten Zeitgenossen

„Der nächste Weg zu Gott ist durch der Liebe Tür."
(Angelus Sibelius)

„Die Hälfte des Glaubens ist Liebe."
(Victor Hugo)

„Liebt den Menschen auch in seiner Sünde – denn er ist das Ebenbild der göttlichen Liebe."
(Fjodor Michajlowitsch Dostojewski)

„Es gibt kein Wesen ohne Liebe, keine vollkommene Liebe ohne Eifersucht."
(Tirso de Molina)

„Wem nie durch Liebe Leid geschah, dem war auch Lieb' durch Lieb' nie nah."
(Gottfried von Strassburg)

„Treue Lieb' hilft alle Lasten heben."
(Friedrich von Schiller)

156

„Die See hat Grund – die Liebe und Sehnsucht nimmer."
(William Shakespeare)

„Wer sich mit Liebe wappnet, der überwindet Zorn, Elend, jede Übermacht und alles Missgeschick."
(Michelangelo Buonarroti)

„Frauen trachten unendlich mehr danach glücklich zu machen, als glücklich zu sein."
(Bogumil Goltz)

„Wenn es eine reine Liebe gibt, in die sich keine anderen Leidenschaften mischen, so hält sie sich, uns selber unbekannt, im innersten Herzen verborgen."
(François de La Rochefoucauld)

„Man kann erst dann etwas lieben oder hassen, wenn man es genau kennt."
(Leonardo da Vinci)

„Nur Liebe überblüht die Kluft, die zwischen Sein und Nichtsein droht."
(Friedrich von Bodenstedt)

„Das größte Wunder der Liebe besteht darin, dass sie uns von der Koketterie heilt."
(François de La Rochefoucauld)

„Was Liebe spricht, nimmt Liebe arglos hin."
(William Shakespeare)

„Keine Natur ist so stark, dass sie echter Neigung widerstehen könnte."
(Francesco Petrarca)

„Die Liebe ist der einzige Weg, auf dem selbst die Dummen zu einer gewissen Größe gelangen."
(Honoré de Balzac)

„Ich will geliebt sein, oder ich will begriffen sein – das ist eins."
(Bettina von Arnim)

„Groß macht die Seele reines Lieben. Zu sterben weiß, wer lieben kann."
(Ferdinand Freiligrath)

*„Den Grad der Liebe kann man nur dort
bestimmen, wo dieser ein sehr geringer
ist."*
(Fliegende Blätter)

*„Besser ist es Gott zu lieben,
als ihn zu erkennen."*
(Thomas von Aquin)

*„Liebe ist Licht, das vom Himmel stammt –
ein Strahl vom Urquell aller Sonnen."*
(Lord Byron)

Liebe heilt unsere Seele

Ihre Dr. med. Hedwig Uecker Geischläger